호랑이 등에 타다

수필세계사가 만든 우리시대의 수필작가선 118 박희자 수필집

우리시대의 수필작가선 118

호랑이 등에 타다

박희자 수필집

수필세계사

작가의 말

글쓰기는 운명이었다

　지나온 시간을 되돌아보다 어느덧 노을 지는 길모퉁이에 서 있는 나를 보았다. 가슴 한구석으로 허전함이 몰려왔다.
　나름 열심히 살았고, 물질적인 바람도 웬만큼 이루었다는 자긍심이 있었다. 그 자긍심조차도 마음의 허전함을 채워주지 못했다. 그때 불현듯 글을 써야겠다는 생각이 일었다. 어렸을 적 심어진 씨앗이 운명처럼 싹을 틔운 순간이었다.
　일곱 살 때, 아버지가 돌아가셨다. 돌이켜보면 젊디젊었던 어머니는 남편 잃은 외로움을 책으로 달랬다. 깊은 산골 마을에서 책을 읽는 이는 어머니가 유일했다. 동짓달의 길고도 추운 밤, 마을의 아낙들을 모아놓고 낭랑한 목소리로 '장화홍련전', '심청전', '박

씨전'을 읽던 어머니 모습이 아직도 눈에 선하다. 변사처럼 실감 나는 낭독에 아낙들은 깔깔거리고, 치맛자락으로 눈물을 훔치기도 했다.

책장을 넘길 때마다 피어나는 웃음과 분노, 그 공감의 물결은 마을의 사랑방을 따뜻한 문화의 샘으로 만들었다. 어머니의 낭독이 끝날 때쯤이면, 내 손안에 먹거리가 한가득 들려있었다. 그때부터 나도 사람들에게 이야기를 들려주는 사람이 되겠다는 꿈을 꾸었다. 그때의 다짐이 뒤늦게나마 글을 쓰게 하는 씨앗이 되었다고 믿고 있다.

인생의 굽이굽이에서 느꼈던 많은 순간을 진한 여운으로 남기고 싶었다. 그 여정 속에는 아픔, 눈물, 웃음, 외로움, 따뜻함이 있었다. 그 모든 감정이 서로를 감싸 안고 어우러지니, 어느 한순간도 소중하지 않은 것이 없었다.

  문학이 무엇인지, 수필이 무엇인지도 모른 채 밤을 새워가며 썼다. 가슴에 켜켜이 쌓여있던 이야기를 숨김없이 꺼내 쓰며, 내면의 나를 만난 지 칠 년, 그 시간은 참으로 행복했다. 책으로 내기에는 아직도 많이 미흡하다는 걸 안다. 알면서도 살아온 이야기를 활자로 옷 입혀 세상 밖으로 내보내려니 부끄럽기 그지없다. 그런데도 이 책을 펴내는 것은 진정한 작가로 가는 통과의례로 여겨서다. 이 섣부른 용기가 좋은 작가로 거듭나는 마중물이 되기를 소망한다.

수필이 뭔지도 몰랐던, 열정만으로 용감했던 나를 격려와 가르침으로 이끌어주신 홍 교수님, 존경하는 선배 문우 작가님들께 깊은 감사를 드린다. 수필은 혼자 쓰는 것이 아니라는 것을 다시금 깨달았다. 기꺼이 힘이 되어 준 고마운 남편, 박수 쳐 주며 응원해 준 사랑하는 가족들에게도 진심으로 고맙다는 말을 전하고 싶다.

그저 살아온 이야기일 뿐이지만, 읽는 이가 어느 한 대목을 만나 미소 지어 준다면 그것만으로 행복하겠다.

2025년 9월

박 희 자

차례

작가의 말

제1부
발톱을 깎다

- 015 발톱을 깎다
- 021 끼
- 026 나는 울산 힐러리다!
- 032 눈물로 보낸 아버지
- 036 지족知足
- 040 홍길동 산
- 044 달리기라는 말 한 마디
- 049 별빛
- 054 잔소리 사랑법
- 059 꿈을 찾아서

제2부
호랑이 등에 타다

호랑이 등에 타다 065
태풍이 지나간 자리 087
멈춤에서 다시 092
터전 095
비상구 100
동행 104
구두 소리 108
감사패 112
성형 중 116
밥그릇 120

제3부

살구색 언더웨어

127 살구색 언더웨어
132 고양이 밥 주는 남자
136 사랑하니까
140 그 여자가 사는 법
145 65세 어르신
149 대문
153 애장품을 보내며
157 사랑의 힘
162 영양제 한 알
166 그 소년

제4부

택시에서 생긴 일

택시에서 생긴 일　173
양심의 소리　178
차는 눈이 없다　182
불 꺼진 창　186
반전 인생　192
한 치의 오차　198
CCTV 속의 여자　202
VIP 고객　207
두 여인　211

발문　216

제1부

발톱을 깎다

우리가 걸어온 인생의 참 의미를 알 수 있었을까? 어쩌면 내가 꽃잎을 가시로 바꾸어 갈 때, 남편은 뒤에서 더 많은 가시를 꽃잎으로 승화시키며 사랑을 지켜왔는지도 모른다. 지금 내 앞에 잠든 남편은 사랑의 승리자. 한때 오매불망했던 아내가 이렇듯 따뜻한 눈빛으로 감사와 사랑을 고백하고 있다. 조금은 가련해진 남편의 어깨 위로 지나온 세월의 빛이 희끗희끗 애달프다. 지금 내 앞에 잠든 남편은 사랑의 승리자. 한때 오매불망했던 아내가 이렇듯 따뜻한 눈빛으로 감사와 사랑을 고백하고 있다. 조금은 가련해진 남편의 어깨 위로 지나온 세월의 빛이 희끗희끗 애달프다.

- 발톱을 깎다
- 끼
- 나는 울산 힐러리다!
- 눈물로 보낸 아버지
- 지족知足
- 홍길동 산
- 달리기라는 말 한 마디
- 별빛
- 잔소리 사랑법
- 꿈을 찾아서

발톱을 깎다

침대에 누워 아파하는 남편의 허리보다 내 신경을 더 거스르는 것은 남편의 긴 발톱이다. 곧 의사 회진이 있을 것이다. 의료진의 시선이 남편 발끝에 머무를 생각을 하니, 내가 부끄러워진다.

엊그제였다. 남편은 소파에 누워 내 무릎 위로 다리를 뻗고 발가락을 까딱거렸다. 발톱을 깎아 달라는 신호였지만 나는 모른 척했다. 이런 일이 있을 줄 알았더라면 눈 딱 감고 받아들일 걸 그랬다 싶어 후회가 된다.

나는 사십 년이 넘도록 남편의 발톱을 내가 깎아줘야 하는 줄 알았다. 남편의 신호가 있든 없든 발톱이 길기만 하면 손톱깎이를 들고 정성을 다했다. 남편이 가진 많은 것 중에 하필 발톱을 붙잡고 사랑의 굴레를 돌고 있었다.

졸업 후, 첫 직장은 작은 출판사였다. 직원 가운데 한 운전기사와 인사를 나눴다. 그는 웃는 얼굴에 선한 인상이었지만 관심이 가지 않았다.

언제부터인지 직원들의 이야기 속에서 기사와 내가 한데 엮이고 있다는 걸 알았다. 첫눈에 반했다는 그의 고백을 듣자마자, 나는 사표를 던지고 서울에 있는 언니 집으로 떠났다. 그는 내 이상형이 아니었다. 부담스러울 뿐이었다.

한 계절이 지나 그를 다시 만났다. 어쩌다 내가 보관하고 있던 그의 녹음기를 돌려주기 위해서였다. 냉정하게 떠난 만큼 그의 마음에서 내가 멀어졌으리라 기대했다. 기대는 빗나갔다. 그는 직장까지 그만두고 실의에 빠져 피골이 상접해 있었다. 내가 안쓰럽다라고 내뱉은 한 마디를 빌미 삼아 엄마는 나를 설득하기 시작했다.

"여자는 남자가 목매는 결혼을 해야 행복하다. 가난하고 외로운 사람과 가정을 이루면 하늘에서 복을 준단다. 멀쩡한 총각 몽달귀신 만들지 말고 시집가거라."

엄마의 간곡한 말도 그랬지만 나 때문에 시들어가는 남자를 외면할 수 없었다.

졸업하면 엄마 곁에 오래 머물고 싶었다. 겨우 일 년도 지나지 않았는데 내 인생을 담보로 착한 딸의 꼬리표를 달고, 뻐꾸기 둥지로 밀려나고 있었다.

이 남자와 어떻게 사랑을 해야 할지 막막했다. 그는 어린 나이에 부모님을 잃어 소심했다. 가진 것도 없었다. 그런 그에게 위험하다는 이유로 엄마는 그의 일자리인 운전대를 놓게 했다. 내가 사랑에 눈이 멀었다 해도 힘든 조건인데 둥지만 옮긴다고 무슨 사랑이 싹트겠는가!

유난히 춥던 날, 약혼식을 했다. 해외에 나가 있던 오빠가 봄에 돌아오면 결혼식을 올리기로 했다. 오빠는 막내인 나를 통해 마음에 드는 매제를 기대하고 있었다. 남자는 오랜 자취생활로 여느 젊은이답지 않게 건강하지 못한 모습이었다. 엄마는 하루빨리 제대로 된 식단으로 제 모습을 되찾게 해야 한다며 나를 부추겼다. 엄마 말씀을 따르기로 했으나 아무런 제목도 없는 날이 내 첫날 밤이 되어버릴까봐 슬펐다. 차라리 약혼한 이 날, 나를 내어놓고 그를 향한 사랑의 싹을 틔워보리라 마음먹었다.

그날 밤, 남자의 자취방에서 나는 제2의 인생을 개척했다. 내 나이 스물둘, 그려왔던 '아름다운 여자의 일생'은 그저 꿈이 되어버린 밤, 내가 행하는 행위는 좀처럼 열리지 않는 사랑으로 가는 지름길이라고 울며 나를 다독였다. 첫날 밤에 하느님은 나에게 모성애를 먼저 가르쳐 주셨다.

방황하던 동생이 결혼하는 것을 반기던 시누이가 고추 방앗간을 빌려 주었다. 오픈하던 날, 친구들 사이에서 자신감 없어 하는 남편을 보았다. 이 남자가 내가 선택한 인생의 반려자이며, 태어날 아기의 아빠라니. 나는 그날 이 남자를 당당하게 곧추세우겠다는 인생의 목표를 세웠다.

　우리의 애달픔과 간절함을 쏟아 부어도 방앗간은 대가를 돌려주지 않았다. 방앗간을 접고 남편은 자전거 수리점을 시작했다. 그러나 수입이 없었다. 생선 장사도 아니었다. 애당초 운전 외에는 비빌 언덕이 없던 남편에게 모든 것이 만만치 않았다. 그는 괴로워했다.

　아이 둘을 키우는 나로서는 힘든 남편의 짐을 나눌 여유가 없었다. 집에서 하는 부업은 시늉에 불과했다. 하루빨리 당당해질 남편을 바랐지만 그는 가진 영역 이상의 것을 욕심내지 않았다. 나는 그저 속울음 울며 한발 물러서서 기다려 주었다.

　아이들은 하루가 다르게 자라나는데 먹고사는 일에 쫓겨 남편을 향한 사랑의 감정은 여전히 오리무중이었다. 그러나 어떤 방식으로든 남편에게 힘이 되어 주고 싶었다. 가정 안에서의 사랑이 밖으로 퍼져나가는 힘이 된다는 걸 알았기에 귀가 후 지친 남편의 발을 씻겨주고, 발톱을 정성스레 다듬어 주며 격려했다.

　세월이 흘러도 남편의 세상은 열리지 않았다. 가장으로서 강건하길 기도했지만 남편의 힘만으로는 가정을 일으켜 세우기가 쉽지 않았다.

　두 아이 육아를 마치고 남편의 응원군이자, 아이들의 지원군이 되고자 새로운 세상을 찾아 나섰다. 그 첫걸음이 북 세일즈였다. 낯설고 힘겨운 순간마다 나 자신을 채찍질했다. 남편이 피워주길 바라던 꽃잎을 내가 하나둘 단단한 가시로 바꾸어갔다.

　가난 없는 가정을 설계했다. 어깨를 펴고 당당하게 살아갈 남편을 생각했다. 그것이 아이들을 위함이라 여겼다. 하루를 스물다섯 시간으로 일에 묻혀 살면서도 아쉬워 발을 굴렀다. 그런 아내의 모습 뒤에서 남편의 마음도 편치 않았다.

　내 삶의 목표는 남편과 아이들이었다. 가족이 행복하지 않은 성공은 의미가 없었다. 그렇다고 가던 길을 멈출 수는 없어, 바쁨 속에서도 사랑한다는 것을 보여주기 위해 손발톱을 깎아주는 일이 일상이 되어 살아왔다.

　올해 초, 남편의 발톱을 깎다가 실수로 상처를 냈다. 남편은 일부러 그랬다며 목울대를 드러내고 몰아세웠으나 나는 돌아앉아 살며시 웃었다. 그날 이후 남편은 스스로 발톱 관리를 하게 되었고, 나도 편해졌다. 그때의 아픔을 잊은 건지 며칠 전 다시 신호를 보내왔을 때, 나는 모르는 척 눈을 감아버렸다.

　남편이 직장에서 일하다 가볍게 다친 허리다. 며칠 후면 일상으로 돌아간다. 의료진에게 보일 잠시의 부끄러움을 모면하고자 내가 다시 발톱을 깎아준다면 영영 내 과제가 될지도 모를 일이다. 내가 꽃잎을 가시로 촉을 세울 때마다 남편의 의존도도 함께 자라나지 않았던가.

　주사약에 취해 잠든 남편을 바라본다. 만약 가진 것이 많은 남편이었다면, 우리가 걸어온 인생의 참 의미를 알 수 있었을까? 어쩌면 내가 꽃잎을 가시로 바꾸어 갈 때, 남편은 뒤에서 더 많은 가시를 꽃잎으로 승화시키며 사랑을 지켜왔는지도 모른다.

  지금 내 앞에 잠든 남편은 사랑의 승리자다. 한때 오매불망했던 아내가 이렇듯 따뜻한 눈빛으로 감사와 사랑을 고백하고 있다. 조금은 가련해진 남편의 어깨 위로 지나온 세월의 빛이 희끗희끗 애달프다.

끼

 가을 섬진강은 푸르고 맑았다. 푸짐한 인심의 주인이 권하는 대로 재첩회에 동동주를 곁들였다. 조영남의 히트곡 '화개장터'가 흘러나와 흥을 돋웠다. 기분이 상기된 친구와 나는 찌그러진 양은 술잔을 부딪치며 여흥에 흠뻑 젖어들었다.
 부른 배를 쓸어내리며 화개장터로 들어서는데 저만치서 들려오는 엿장수 장단이 내 몸의 세포를 일으켜 세웠다. 친구가 거들었다.
 "아는 사람도 없는데 한 판 놀고 가자!"
 친구의 말에 이십여 년 전 일이 문득 떠올랐다.
 남편의 초등학교 동문 체육대회는 가족 동반 행사였다. 학교 운동장에는 만국기가 휘날리고, 흥겨운 음악이 축제 분위기를 더해

주었다. 본부석 좌우로 즐비하게 늘어선 천막에서는 잔치가 한창 무르익고 있었다. 호루라기 소리로 시작된 경기는, 달리다 넘어져 웃고 떠들며 동심으로 돌아간 중장년들과 그 가족들의 함성으로 이어졌다.

오후가 되어 가족 장기자랑, 디스코 경연 대회가 시작되었다. 큰 행사도 흥미진진한데 상품까지 걸려있어 나를 사로잡았다. 상품에 욕심도 났지만 무엇보다 갖추어진 무대에 가슴이 설렜다.

진행을 맡은 사회자는 얼마 전, 내가 다니는 회사 행사에서 내 막춤을 인정해 준 사람이었다. 도전하고 싶은 욕심이 나를 흔들었지만 본부석에는 큰시숙이 자리하고, 둘째시숙도 동참 중이다. 그보다는 남편 후폭풍이 두려워 거듭 생각하다 화장실로 향했다.

"오늘은 어떤 유혹이 있어도 자제하자!"

굳은 각오로 화장실 문고리를 걸었다. 나를 전율하게 하는 음향에도 귀를 막았다. 마음을 단단히 닫아걸고, 재래식 화장실의 고문을 이겨내고 있었다. 그런데 고리를 걸면 걸수록, 귀를 막으면 막을수록, 웅장하고 현란한 음악 소리가 문틈으로 비집고 들어와 나를 괴롭혔다.

어린 시절, 엿장수 가위질 소리가 나면 굴뚝 뒤에 숨어 춤을 췄다. 번번이 엄마한테 들켜 야단을 맞으면서도 가위질 소리가 들려오면 그 유혹을 뿌리치지 못했다.

아버지를 잃은 어머니의 생계 수단은 날품을 파는 일이었다. 어린 동생을 밭둑에 묶어 놓으면, 흙을 주워 먹고 아무 데서나 잠이 들었다. 엄마는 학교에 갓 입학한 나를 유모로 눌러 앉혔다. 다시 입학했을 때, 친구들은 벌써 3학년이 되어 있었다. 담임 선생님은 그런 나를 살뜰히 챙겨 주셨다.

선생님은 어느 날, 내 꿈을 물으셨다. 아무런 대답도 못하던 나에게 팔다리가 기니 무용을 해보라며 체육실 뜀틀 위에서 내 손을 잡아 주었다.

설레던 꿈도 잠시, 도시로 전학을 했다. 도시 학교 적응은 쉽지 않았다. 같은 반 친구들 보다 키가 반 자는 더 컸고, 신체 발육도 달랐다. 그런 내 모습에, 더구나 전학해 온 시골뜨기인 나에게 친구들은 다가오지 않았다. 나 역시 다가서지 못하고 혼자 겉돌았다.

5학년 가을 운동회였다. 우리 학년은 포크댄스를 연습했다. 운동장에 모여 연습을 시작하던 날, 무용 선생님이 본을 보여줄 짝을 찾았다. 원을 그리며 돌다가 교단 가까이 서 있던 내 손을 잡았다. 그날부터 연습이 이어지는 동안, 열등감에 사로잡혀 있던 내가 친구들 앞에 존재감을 드러낼 수 있었다.

"26회 가족 나오세요! 26회 가족 안 나오십니까? 곧 경기가 시작됩니다."

스피커에서 남편의 동기 가족을 부르는 소리가 이어졌다. 그 순간, 나는 문을 박차고 나와 무대 위로 뛰어올라 황홀한 음악과 하나 되는 짜릿함을 느끼고 있었다.

그 무아지경에 느끼는 희열은 무엇과도 바꿀 수 없었다. 음악에 나를 맡기고 나를 내려놓으면 얻어지는 대가는 컸다. 등을 타고 흘러내리는 후끈한 땀의 열기에 카타르시스를 느끼며, 강한 사람으로 거듭났다.

결과는 예상을 빗나가지 않았다. 대상 상품은 전자레인지였다. 스티로폼으로 만든 상품권을 받고 정신이 번쩍 들었다. 매도 빨리 맞는 것이 옳다고 생각해 본부석으로 달려갔다. 시숙 앞에 고개를 조아리며, 상품권을 흔들어 애교를 부렸다. 주변 사람들의 축하로 시숙은 얼렁뚱땅 넘어갔지만 한동안 남편 잔소리에서 벗어나느라 진땀을 뺐다.

화개장터 엿장수 가위는 휘모리장단이 한창이었다. 사람들이 손뼉을 치며 즐기는 틈새를 비집고 들어갔다. 엉거주춤 춤추는 어른들께 묵례하고, 각설이 음악을 베이스로 깔고, 여자의 장구와 남자의 가위질 소리에 몸을 흔들었다. 술기운이 올라 장단에 취하니 신명이 절로 났다. 사람들이 손뼉 치는 소리는 커져만 갔고, 분위기는 고조 되어 행복했다.

친구가 환갑이 지났으니 이제는 추지 말라고 막아서던 개다리춤이 생각났다. 이런 기회는 또 없다. 이미 내 무대는 펼쳐졌고, 아는 사람도 없었다. 때마침 나팔바지도 입었겠다, 내 필살기로 마무리해? 말아? 아니, 그래도 그렇지 나이가 몇인데 참자 하는 망설임도 잠시, 못 말리는 내 춤사위는 개다리춤으로 이어졌다.

엿장수 장단 소리는 커졌고, 사람들은 손뼉 치며 몰려들었다.
 무대값으로 받은 엿봉지를 들고, 못 말린다는 듯 웃고 있는 친구의 옷자락을 끌며 자리를 벗어났다. 친구와 한 약속을 지키지 못한 것이 멋쩍어 들숨 날숨을 고르며 핑계를 댔다.
 "친구야, 나는 언제 이놈의 끼에서 벗어날까? 언제쯤 내 자제력에 제동이 걸릴까? 내 생각엔 아마도 음악만 있다면 무덤에서도 끼는 못 말릴 것 같아."
 눈을 찡긋하며 너스레를 떨자, 친구는 알았다는 듯 엿가락을 입으로 밀어 넣었다. 친구에게 내 끼의 정체를 말해 주고 싶었다. 그 끼는 내 인생 굽이굽이마다 나를 일으켜 세우는 채찍이었고, 치열하게 싸워 이겨낸 무기였노라고.

나는 울산 힐러리다!

뉴스에서 또다시 음주운전 사고 소식이 들려왔다. 그럴 때마다 나는 나도 모르게 가슴을 쓸어내린다. 벌써 세월이 꽤 지났건만 그날의 기억은 아직도 선명하다.

"더 더 더더더, 힘껏 불어요! 더 세게!"

'후-' 하고 내뱉은 숨바람에 '삐-' 하는 굉음이 내 정수리를 때렸다.

"알코올 농도 0.100, 면허취소에 벌금 백만 원 부과됩니다. 차를 옆으로 세우고 내려서 똑바로 걸어 보세요."

경찰의 단호한 목소리에 질려 말 한 마디도 못하고 차에서 내려 걸었다. 어이가 없고, 부끄러워 참담하기까지 한 내 모습은 벗어날 수 없는 현실 앞에 서 있었다. 경찰은 술을 먹고 운전대를 잡은 나를 한심하다는 듯 말했다.

"내일 아침에 차 키 찾으러 경찰서로 오세요."

대체 무슨 짓을 저지른 것인가. 이 상황을 어떻게 극복해야 하나? 돌아서 가는 경찰관을 붙잡고 매달려야 하나? 집에서는 전화가 빗발치는데 진흙탕 속에 빠진 듯 한 발짝도 움직일 수 없었다. 앞으로 감당해야 할 일들이 떠올라 땅바닥에 주저앉고 말았다.

약속이 있던 그날, 머릿속이 복잡했다. 아침 미팅을 짧게 마치고 소장들과의 약속 장소로 향했다. 상사와의 미팅에서 소장들의 권익을 찾기 위해 한목소리를 내기 위한 만남이었다.

입사 후 8년 동안, 현장을 뛰어다니며 살아내기 위해 발버둥을 쳤다. 동료들처럼 고향이라는 이점도, 남편의 배경도 없었다. 오매불망 내 목표는 최고 직급인 지점장이었다. 안정된 수입으로 남편 어깨에 얹힌 짐을 덜어 주겠다는 간절함 때문이었다.

지점장으로 승급하기 위해 거쳐야 할 소장까지 힘들게 올라왔다. 끊임없이 조직을 육성시켜야 하는 막중한 책임에 비해 보수는 터무니가 없었다. 비슷한 처지의 소장들과 시린 속내를 달래느라 홀짝홀짝 낮술을 마셨다.

저녁이 되어 상사와 마주 앉았다. 그는 설득의 귀재였다. 여성 소장 셋이서 그의 논리에 대응하기엔 역부족이었다. 만약 협상이 여의치 않으면 술을 마셔야 했다. 술기운을 빌려서라도 고양이 목에 반드시 방울을 달아야 했다. 그마저도 설득이 안되면 여자의 무기, 눈물로라도 호소해야 했다.

시간이 많이 흘러 어느 정도의 타협점에 도달했지만 마음은 초조했다. 퇴근이 늦어진 나 때문에 등 돌렸을 남편 생각이 났다. 그런 모습을 보고 마음 편치 않을 친정엄마 생각에 안절부절못하던 그때, 엄마에게서 전화가 걸려왔다.

"아직도 안 들어오고 뭘하냐? 아범이 아프다고 저녁도 안 먹고 방으로 들어가 문을 걸어 버렸다."

엄마 목소리에 숨겨둔 불안함이 스며 있었다. 엄마는 일하고 살림하는 딸이 안쓰러워 도와주러 오셨다. 그 후로 남편은 수시로 빨간 불을 켜고 혼자 숨어드는 시간이 많아졌다. 그럴 때마다 엄마는 내 마음이 편치 않을까 안타까워했다. 불편할 엄마 생각에 마음이 초조해진 순간, 술 마신 것을 잊고 운전대를 잡았다. 불행인지 다행인지 200m 앞에서 음주 단속에 걸리고 말았다.

다음 날, 경찰서에 갔다. '1년 뒤에 면허시험을 다시 치른 후, 운전할 수 있다.'는 통보를 받았다. 가족 앞에 어렵게 입을 열었다.

"사람 다치는 일 없이 넘어간 것만 해도 감사하자." 엄마 말에 걱정했던 남편은 쉽게 넘어가 주었다. 남편은 이 일을 재미 삼아 지인들을 만나면 이야기했다. 주위 반응 역시 "앞서가는 여성은 다르다." 며 여자가 음주로 면허취소 된 것이 재미있다는 듯 놀려댔다.

하지만 정작 불편을 겪는 건 나였다. 멀리 떨어진 버스 정류장까지 걸어야 했고, 출퇴근 시간은 부쩍 늘어났다. 바쁠 때는 택시를 타야 하니 경제적 손실이 컸다. 무엇보다 교사들에게 필요한 학습교재를 제때 배달해주지 못하는 상황이 가슴 아팠다. 윗사람으로서 행동이 따르지 않는 격려는 설득력을 잃어갔다.

그때, IMF가 닥쳤다. 남편도 한순간에 직장을 잃었다. 가정 경제는 곤두박질쳤고, 밤마다 발을 동동 구르며 잠을 설쳤다. 고심 끝에 경찰서에 근무하는 지인에게 조심스럽게 방법을 물었다. "가능할지 모르겠지만, 일단 실행해 보세요." 그 한 마디를 잡고 밤을 지새우며 탄원서 형식의 글을 썼다.

"존경하는 경찰청장님! 저는 어찌할 수 없는 사정으로 준엄한 법을 지키지 못한 부끄러운 도민입니다. 또한, 실직한 남편과 대학생, 고등학생 자녀를 둔 직장인이며, 가장입니다."

구구절절 모든 진심을 담아 지방경찰청장께 내용증명으로 보냈다. 선처를 바라는 마음으로, 기도하며 반성했다. 두 번 실수하지 않겠다고 다짐하며 기다렸다. 두 주가 지나고 답이 왔다.

"이 내용을 청와대로 보내십시오."

경찰청장 직인이 찍힌 답변을 받고, 마치 면죄부를 받은 듯 기뻤다. 서둘러 청와대로 글을 올렸다. 기나긴 기다림에 목이 사슴처럼 길어질 즈음, 드디어 답이 왔다.

"귀하께서 준법정신이 소홀했던 과실을 인정하며, 뉘우치고 있는 점, 10년 운전 경력에 녹색 면허를 가진 가장임을 고려해 면허증을 돌려주니, 차후에는 실수가 없기를 바랍니다."

육 개월 만에 다시 찾은 면허증을 받아 안고 감사했다.

사업하다 보면 사람들과의 소통을 위한 음주 자리가 다반사다. 나 역시 음주를 매개로 어울려 술잔을 기울이는 분위기를 좋아했다. 그러나 그 이후로는 어느 순간에도 국민청원위원회에서 내게 보내준 믿음을 생각했다. 믿어 준 만큼 법 앞에 부끄럽지 않으려 애썼다. 물론 지금처럼 법규가 강화된 시대였다면, 나에게 그런 기회조차 주어지지 않았을 것이다.

행운은 겹쳐왔다. 입사 십 년 만에 간절히 원했던 지점장으로 승진하게 되었다. 앞서가는 여성이라고 위로하며 놀려 주던 지인들도 기뻐해 주었다. 다시 찾은 면허증과 승진의 기쁨이 합해져 배가 되었다.

그즈음 여성의 대표적 인물인 미국 대통령 영부인인 힐러리와 비유가 된다며 나를 '힐러리'로 불러주었다. 열심히 살라는 격려였음을 안다. 그 이름 덕분에 괜히 우쭐하여 당당했었다.

요즘, 나이 탓인가 싶다. 젊은 직원들과의 소통에서 자신감을 잃고 있다. 문득 잊고 지냈던 젊은 날 별명이었던 힐러리를 소환해 본다. 식어가는 열정도 생각해 본다.

그때가 추억 속에 겁없이 객기 부리던 젊은 힐러리였다면, 지금은 삶의 지혜가 녹아든 성숙한 힐러리가 아니겠는가. 비록 세월에 익어 자신감은 예전 같지 않지만 변하지 않은 내 안에 긍정 에너지는 여전하다.

그래, 그렇다. 나는 오늘도 잘 나가는 울산 힐러리다.

눈물로 보낸 아버지

저녁밥을 먹은 뒤 엄마는 마당에 낡은 멍석을 펼쳤다. 미리 베어 놓았던 익모초와 쑥을 한 더미 포개어 얹고 모깃불을 지폈다. 길게 숨을 모아 후후 불기도 하고, 반은 닳아버린 부채로 불을 지피느라 애를 썼다. 뿌옇게 피어오른 연기가 내 눈앞에 스멀스멀 날아왔다. 연기가 매워 눈을 비비는데 눈물이 묻어 나왔다. "눈이 매운데 왜 비켜앉지 않고 앉아 우냐?" 며 엄마는 나를 나무랐다. 나는 무릎에 머리를 박고 한참을 훌쩍거렸다.

낮에 주인집 봉자가 제 아버지 무릎에서 장난치는 걸 보았다. 구운 옥수수를 먹으며 까맣게 재 묻은 입술로 아버지와 뽀뽀하며 깔깔 웃는 모습을 본 뒤로 자꾸만 울고 싶어졌다.

모깃불 연기는 풀향기를 싣고 마당 가득 퍼져나갔다. 평소라면 엄마, 나, 동생이 나란히 멍석에 누웠을 것이다. 엄마 팔을 베고 누우면, 별 하나 없는 캄캄한 밤도 두렵지 않았다. 모깃불을 의지 삼아 산골 외딴집 별채 뒷마당 멍석에 누워 땀에 젖은 엄마 냄새를 맡고 있으면, 무엇도 부럽지 않았다. 엄마는 낮 동안 동생 돌보며 봉자와 놀아 준 내 이야기에 귀 기울이며 내 마음을 어루만져 주었다.

엄마는 아무 말 없이 앉아 연기만 바라보고 있었다. 저것이 우는 속이 어떨까 싶었고, 잠시 울다 말겠거니 하고 기다려 주었다. 그런데 나는 야단을 맞고 싶었다. 엄마가 늘 해주던 착한 딸이라는 칭찬이 아닌 꾸중을 듣고, 앙앙 소리 내어 울고 싶었다. 봉자처럼 내 마음대로 떼도 써 보고, 심술도 부려 보고 싶었다.

"엄마, 우리 아버지는 언제 와?"

내 말에 옆에서 심드렁해져 있던 동생이 큰 소리로 말했다.

"누나, 우리 아부지가 아프잖아. 그래서 병원에서 나무상자에 넣고 산에 묻었는데."

동생은 아버지의 마지막을 기억하는지 눈을 동그랗게 뜨고 나를 살폈다.

"죽은 아버지가 언제 오냐니, 너 오늘 왜 그러냐? 끝내 이 어미 속을 뒤집어 놓을 셈이구나!"

"몰라! 봉자처럼 나도 아버지하고 놀고 싶은데 우리는 왜 아버지가 없는 거야!"

억지를 부리며 소리 높여 울었다. 엄마는 안채로 울음소리가 넘어갈까 노심초사했지만 더 크게 울고 싶었다. 그동안 꾹꾹 눌러 참아왔던 서러움이 아홉 살 가슴에 복받쳐 왔다. 엄마는 착한 딸이 속을 썩여 더 살 이유가 없다며, 아랫마을 연못에 빠져 죽겠다며 성큼 일어나 밤길을 나섰다.

어깨를 들썩이며 뒤도 돌아보지 않고 걸어가는 엄마를 울면서 따라갔다. 아랫마을까지는 산길을 한참이나 내려가야 했다. 길 아래에 작은 도랑이 흐르고, 도랑 옆에는 엄마 일터인 봉자네 도랑논이 펼쳐 있었다. 일 년 전, 이 길로 이사 오던 날 엄마가 내게 말했었다.

"딸아, 이사 가는 집은 부잣집이란다. 그 댁에 너랑 나이가 같은 '봉자'라는 딸이 있는데 아파서 학교에 못 다닌단다. 너와 친구 맺어 주고 싶다고 봉자 부모님이 엄마 일자리도 주고, 우리가 편히 지낼 수 있는 별채도 내어줬단다. 우리 딸은 착하니까 좋은 친구 되어 줄 수 있지?"

학교도 그만두고 동생 돌보는 것도 힘든데 봉자 비위 맞춰가며 좋은 친구가 되는 건 더 힘들었다. 엄마가 알면 마음 아플까 봐 혼자 꾹꾹 눌러 참아왔다. 낮에 봉자가 제 아빠와 함께 있는 행복한 모습을 보며 약이 바짝 올라 있었는데 모깃불 매운 연기에 눈물이 터져 버린 것이다.

봉자는 정신장애가 있었다. 제 엄마가 나눠 먹으라 준 먹거리를 혼자 먹기 일쑤였다. 내가 아끼는 사금파리 장난감도 빼앗아갔다.

기분이 틀어지면 내 머리채를 낚아채고, 침을 뱉기도 했다.

　엄마는 봉자의 행동을 알면서도 모르는 척했다. 봉자의 병을 고치려는 부모 마음을 헤아린 것도 있었지만 그보다는 우리 가족이 살아갈 방편이었기에 "봉자가 아파서 그런 거야." 라며 달랠 뿐이었다.

　나는 울보였다. 늘 배가 고팠지만 먹고 싶어 운 적은 없었다. 갖고 싶은 걸 갖지 못해도 울지도 않았다. 아버지 없는 빈자리가 서러워 울었고, 엄마가 숨죽여 우는 밤이 가슴 아파 울었다.

　엄마는 '아비 없는 자식 소리 듣지 않으려면, 항상 깊이 생각하고 행동해야 한다.'고 떨어져 사는 언니 오빠에게 누누이 일러 주셨다. 그런데 나는 내 감정만 앞세워 심통을 부렸다. 실망한 엄마는 나 때문에 죽으러 가는 길이었다.

　마을 연못 위에 세워진 정자가 보였다. 순간 놀라서 달려갔다. 엄마 치맛자락에 매달려 잘못을 빌었다. 발길을 멈춘 엄마는 말없이 내게 등을 내주었다. 엄마 등에 얼굴을 묻었다. 땀 냄새를 맡으며 잘못을 뉘우쳤다.

　"엄마, 이제 다시는 엄마 속상하게 하지 않을게요. 울지도 않고 동생이랑 봉자랑도 사이좋게 지낼게요."

　엄마는 등에서 나를 내려 안아주었다. 엄마 품에 안기며 생각했다. 이제 다시 울지 말자. 엄마 속상하게 하지 말자. 울지 않으려면, 내 마음속에 깊이 묻어둔 그리운 아버지를 하늘나라로 고이 보내드려야겠다고 다짐하고 또 다짐했다.

지족知足

    소극장을 빠져나와 태연한 척 걸었지만 자꾸만 고개가 아래로 떨어졌다. 도로 위에 나뒹구는 나뭇잎을 걷어차 봐도 마음이 편치가 않았다. 분수도 모르고 빈 깡통처럼 요란했던 내가 부끄러워서다.

    문인연극회에서 단원을 모집한다며 오디션을 권유받았다. 이번에 올리는 '청자다방'은 레지 미스 김을 통해 칠팔십 년대 청춘의 시대상을 소환하는 작품이라 했다. 무대가 다방이면 마담이 등장할 것이다. 나도 마담 역할은 할 수 있겠다 싶어 지난 기억을 소환하며 오케이 사인을 보냈다.

    나는 타지에서 학업을 마치고 울산으로 왔다. 친구가 없어 찾은 곳은 젊은이들이 모이는 YMCA였다. 그해 여름, 전체 회원이 2박3일 간 하계연수에 들어갔다.

무대는 해수욕장이었다. 이글거리는 태양보다 더 뜨거웠던 청춘은 바다 낭만에 취했다. 캠프파이어 불꽃처럼 타오른 청춘은 밤을 하얗게 태웠다.

캠프파이어가 열린 밤, 교실 하나가 술집으로 꾸며졌다. 회원 대부분은 직장인이었다. 주류 판매로 얻은 이익금은 불우한 이웃을 돕는 프로그램이었다.

내가 쓰는 표준말에 애교가 있다는 이유로 마담으로 선정되었다. 무뚝뚝한 사내들의 심금을 울려 지갑을 열어야 해야 했다. 집행부가 준비한 가슴선이 드러나는 반짝이 롱드레스를 입었다. 생전 처음 하는 짙은 화장에 머리를 높이 올려 분장까지 마쳤다. 은은하게 비치는 조명 아래에 박 마담은 실전에 강했다. 코맹맹이 립서비스에 엉덩이를 살랑이며 회원들의 지갑을 열게 했다. 수익금이 기대 이상이어서 가슴 뿌듯한 추억으로 남아 있었다.

연극회 오디션이 있던 날, 웬 자신감이었는지 나이 많은 내가 뭔가를 어필해 보고 싶었다. 누구나 웃을 수 있는 팔십 년대식 삼류 유머로 분위기를 띄웠다.

대본과 배역을 받았다. 프로필 사진도 찍었다. 의상을 갖춰 입고 사진작가 선생님이 원하는 자세를 취하며 카메라 앞에 섰다. 정말 연극인이 된 듯했다.

첫 리허설이 있던 날, 설렘을 안고 단원들이 소극장에 모여들었다. 신입 단원인 나는 전문 감독 앞이라는 말에 긴장되었다. 단원들과 이야기를 나누던 중에 내가 대본을 잘못 이해한 걸 알게 되었다. 마담역은 아니었지만 내 분량에 빗금을 쳐 가며 꼼꼼하게 연습했는데 어이가 없었다.

대본 연습이 제대로 되어있지 않아 자신감을 잃었다. 단원들은 저마다 자기 역할을 능숙하게 소화해 냈다. 그들의 자신만만함은 당장 무대에 올라도 부족함이 없어 보였다.

내 차례를 기다리며 긍정의 마음으로 나를 다독였다. '연습이 안 된 만큼 앞으로 보충하면 될 테니, 지금은 대본을 크게 읽는 것으로 동참하자. 난 할 수 있다!' 하며 최면을 걸었다. 안타깝게도 소극장의 희미한 불빛이 내 시력을 받아주지 않았다. 안경 없이 대사를 더듬다 보니 말이 꼬였고, 감정을 담을 수 없었다. 목소리를 높여 보려 애썼지만 명치 끝에서 잡고 놓아주지 않았다.

리허설이 끝난 후, 감독의 총평이 있었다. 연극의 삼 요소는 희곡, 배우, 관객이며 그중 으뜸은 관객과의 소통이라 했다. 소통을 위해 목소리를 한 옥타브 높여야 한다는 말은 꼭 나를 두고 하는 말인 듯 민망했다. 설명이 이어질수록 내 집중력은 흩어졌다. 젊은 날 주인공이었던 내 목소리는 기억처럼 퇴색해 버렸고, 떨어진 시력과 함께 나이든 현실이 또렷이 보였다. 열정만으로 도전하기엔 이미 늦어버렸다는 걸 깨달았다.

휴식시간이 주어졌다. 진행자에게 조심스레 대본을 건넸다. 이런저런 변명도 얹었다. 민망해져서 작은 목소리로 "일등 관객이 될게요." 약속하고 도망치듯 계단을 내려왔다. 순간, 명치 끝에 걸려있던 감정이 마지막 계단을 딛는데 울컥하며 터져 나왔다.

허탈함과 안도감으로 숨을 길게 내쉬며 다시 한번 소극장을 올려다보았다. 이제 나는 분수에 맞는 내 삶의 무대에서 편안한 주인공으로 돌아가려 한다. 그러나 하룻강아지 범 무서운 줄 모르고 깝죽대던 부끄러움에 발걸음은 한동안 무거웠다.

홍길동 산山

남편 때문에 속앓이하는 친구를 위로하려고 가을 길을 나섰다. 태화강 상류를 지날 때였다. 단풍이 곱다며 기분이 밝아진 친구의 눈길이 앞산에 머물러 있었다. 친구를 보면서 내 가슴은 답답하게 막혀 왔다.

"친구야, 사실은 저 산 일부가 우리 산이야. 그럼 뭐하니? 우리 산이라 말하지 못하는 걸."

그게 무슨 말이냐고 묻는 친구에게 말했다.

"홍길동이 아버지를 아버지라 부르지 못하듯 우리 명의로 되어 있고, 세금도 꼬박꼬박 내고 있는데도 정당한 권리를 행사할 수 없어. 속 빈 강정 같은 산이야. 그래서 나는 저 산을 홍길동 산이라고 부르고 있어."

오래전, 내가 사업장을 열던 날, 손위 동서가 축하 인사차 오셨다. 평소 사회활동에는 손사래 치던 형님에게 사업이 자리 잡을 때까지만 도와 달라 떼를 썼다. 형님이 마음을 열고 활동해 준 덕분에 사업에 큰 도움이 되었다

어느 날, 형님은 월급과 성과급을 받을 수 있는 기획 부동산 쪽으로 자리를 옮기겠다고 했다. 주변에서 기획 부동산으로 낭패 본 사람들의 사례를 들어 말렸지만 형님의 뜻을 꺾지 못했다. 섭섭해 하는 내게 부동산에서 고객을 만들어 내 사업을 돕겠다 했다. 형님은 약속대로 고객카드를 들고 수시로 사업장을 찾았다.

그러던 어느 날, 형님은 근무하는 부동산에 토지 매입 고객으로 한번 방문해달라는 부탁을 했다. 애초에 내 형편에 땅을 살 수 없는 상황이었기에 부담은 없었다. 그렇다고 가짜 고객 노릇을 하는 것이 내 정서에 맞는 일도 아니었지만 형님이 청하기에 임했다. 부동산을 다녀온 후로 마음 한구석이 편치 않았다. 기획 부동산 일은 그리 만만치 않아 보였다. 더구나 형님은 초로의 나이다. 혹여라도 쓸모 없는 땅문서에 노후 자금을 묻어 버리는 것은 아닐까 마음이 놓이지 않았다.

어느 날, 형님이 부동산 사무실로 판매할 물품 몇 상자를 차에 싣고 오라 했다. 부동산에 도착하자, 상무라는 사람이 형님과 내가 동서지간임을 알고는 은근슬쩍 포석을 깔며 본격적으로 설득에 나섰다.

그는 강 건너 들녘에 병원과 대단지 아파트가 들어서면 이곳이 도심 가까운 전원주택지로 최상의 입지가 될 것이라며 과수원 사진을 보여줬다. 상무의 설명이 끝나자 형님이 나를 옆방으로 불렀다. "많은 땅을 팔아 봤지만 이만큼 확실한 땅은 없었다."라며 남편이 퇴직하면 텃밭을 일구다가 전원주택을 지어 살라고 권유했다.

전에 없던 형님 태도에 당황해 "우리 사정을 알지 않느냐?"며 발을 뺐다. 형님은 서울에 사는 아들에게 전화 연결을 해달라고 하며 목을 빼고 애를 썼다. 아들이 거절해 주기를 바랐다. 배려 깊은 아들은 곧 퇴직할 '아버지의 텃밭'이라며 말로 포장하는 큰어머니의 권유를 뿌리치지 못했다. 부동산을 나서며 아들에게 "못 들은 것으로 하자." 고 말하고 싶었지만, 남편 텃밭이라는 말과 그동안 형님에게서 받았던 고마움, 순간 보았던 형님의 애틋한 눈빛이 내 말을 가로막았다.

아들이 주는 선물이라며 남편 손을 잡고 찾아간 산자락 과수원, 그곳은 홍보사진을 찍기 위한 요식행위였다는 걸 알고 맥이 풀려 그 자리에 주저앉고 말았다. 어디를 봐도 텃밭을 일굴 만한 평평한 터가 없는 경사가 심한 산비탈이었다. 크게 실망한 남편은 두 번 다시 쳐다보지도 않을 테니 당장 처분하라 했다. 형님은 공동명의라 개인적으로 권리를 행사할 수 없어 기다려야 한다고 말했다.

그 이유로 십 년째 이 길을 지날 때마다 멀찍이 "강 건너 불구경이지 뭐." 하는 내 말에 친구는 웃음이 터져 깔깔 웃었다.

"내가 우리 남편 만날 때 중매쟁이 말을 믿고 만나보니, 허우대가 멀쩡하기에 덜컥 결혼했지. 그런데 막상 뚜껑을 열어 보니 속 빈 강정이더라구. 저 산도 우리 남편이랑 다를 게 없네. 겉으로는 그럴 듯해도 속은 비었으니! 그래도 저 산은 한자리에 묵묵히 있으니 든든하기나 하지. 우리 남편은 허구한 날 이 낚시터 저 낚시터 기웃거리며 세월만 낚고 다니니."

친구는 말끝을 흐리며 한숨을 내쉬었다.

친구의 넋두리를 들으며 건너편 홍길동 산을 바라보았다. 계절마다 옷을 갈아입으며 자태를 뽐내는 저 산이 오가는 이들의 눈과 마음을 기쁘게 해 준다는 생각을 하니, 쓰지 못할 땅이라도 조금은 위안이 되었다.

"세월이 흐르고 흘러 언젠가 홍길동이 율도국의 왕이 되었듯, 내가 아닌 후대에 어느 자손이 저 산기슭 전원주택에서 훌륭했던 할머니 이야기를 하며 살아갈지도 모를 일이다."

그렇게 끝도 없이 이어진 속풀이 한 자락에 친구도 나도 마음이 한결 가벼워졌다.

달리기라는 말 한 마디

우연한 자리에서 인사를 나누게 된 그녀는 달리기 선수였다. 곧 열릴 시민체육대회에 출전한다며 설렘 가득한 얼굴이었다. 중년 답지 않게 다부진 근육질의 몸매에서는 건강미가 흘렀고, 나는 찬사를 아끼지 않았다. 그러자 그녀는 "다리가 길어서 달리기를 잘 할 것 같다." 라며 동호회에서 함께 뛰자고 권했다.

그녀의 말에 내 안 깊숙이 묻어두었던 상처가 꿈틀거렸다. 사춘기, 감수성이 예민하던 그 시절에 또래보다 성숙한 몸으로 감당해야 했던 성장통이 내게는 아픔이었다.

공무원이었던 아버지는 젊은 날 홀연히 공직을 내려놓았다. 돈도 기술도 없던 아버지는 가장의 무게를 벗지 못하고, 근심과 걱정에 짓눌리다 병을 얻었다.

가슴 태우던 엄마는 궁여지책으로 먼 산골 사돈의 팔촌이 사는 곳으로 들어가 화전을 일구었다. 현실은 버거웠고, 아버지는 병증이 심해져 가난 속에 육 남매를 남겨둔 채 저세상으로 떠나셨다.

오빠 언니들은 도시에서 살아갔다. 나는 가난한 엄마 옆에서 유년을 보냈다. 열 살이 되어서야 초등학교에 입학했다. 4학년 무렵, 산골 생활을 접고 언니 오빠가 있는 도시로 나왔다. 같은 반 친구들보다 성큼 자라 있던 나는 새로운 환경에 적응이 쉽지 않았다.

학교생활에 좀처럼 안정을 찾지 못한 채 5학년이 되었다. 그즈음 내 몸은 하루가 다르게 성장했다. 전교생 중에 가장 키가 크고 앞가슴은 불쑥 솟아올라 누구나 한눈에 알아볼 만큼 성숙했다. 초등학생이라기보다 조숙한 아가씨처럼 보였다.

평소엔 펑퍼짐한 옷으로 몸을 감추었지만 체육 시간이 다가오면 도망치고 싶었다. 흰색 러닝셔츠에 검정 반바지, 체육복은 내 몸을 드러내 친구들 앞에 나서는 것은 죽기보다 싫었다.

가을이 되어 운동회 연습이 시작되면서 혼자 감당해야 할 현실과 마주쳤다. 한두 번은 배가 아프다거나 머리가 아프다며 교실에 남을 수 있었지만 선생님은 그 이상은 내 변명을 받아들이지 않았다.

선생님은 긴 다리를 가진 내가 달리기를 거부하는 것이 반항으로 비쳤던 것 같았다. 친구들 앞에서 꾸중을 하시고, 벌을 주며, 내 고집을 이해하려 하지 않았다. 정년을 앞둔 남자 선생님은 나의 특별한 아픔을 짐작하지 못했을 것이다. 나도 차마 말할 용기가 없어 열등감만 깊어졌다.

결국, 선생님은 벌을 내렸다. 엄마를 학교로 오라는 것이었다. 엄마는 그해 가정의 달 5월에 교육감 표창을 받은 '모범 어머니'였다. 다 잘 자라준 너희들 덕분이라며, 엄마는 벅찬 마음으로 자식들에게 영광을 돌렸다. 상은 엄마가 힘든 시간을 살아낸 보상이었을 텐데, 실망을 주고 싶지 않았다. 답답한 마음에 굴뚝 뒤에 숨어 한없이 울고 또 울었다.

엄마 앞에서 내 마음을 감추었으나 엄마는 장롱 깊숙이 간직했던 치마를 꺼냈다. 아버지와의 마지막 추억이 묻어있는 치마 솔기는 딸의 아픔을 달래 줄 가슴싸개로 만들어졌다.

"울지 말아라! 부모 잘못 만난 탓이지 부끄러울 일은 아니다. 가슴을 단단히 여몄으니, 선생님께 용서 구하고 나가서 당당하게 뛰어라!"

운동회 날이었다. 하늘은 높고 파랬다. 만국기가 춤을 추며 축복해 주었다. 러닝셔츠에 반바지 차림의 체육복을 입었어도 발걸음이 가벼웠다. 선생님도 웃으며 격려해 주셨다. 운동장 어디에서 지켜보고 있을 엄마를 기쁘게 해 주고 싶었다.

드디어 고학년 계주 시간이 되었다. "선수들은 본부석 앞으로 모이세요!"라는 방송 소리에 마음을 다잡았다. 가슴을 태웠던 만큼 부끄럽지 않게 최선을 다하리라 두 주먹을 불끈 쥐었다.

유난히 키가 큰 나에게 학부모들의 시선이 쏠리는 것이 느껴졌다. 의식하지 않으려 마음을 다잡고 출발선에 섰다. 앞선 주자들이 잘 달려주기를 바랐다. 안타깝게도 세 번째 주자가 바통을 받다 떨어뜨렸다. 뒤처진 만큼 마지막 주자인 나에게 기대가 쏠리는 것이 느껴졌다. 긴 다리로 만회해 줄 것을 기대하는 함성이 들렸다. 응원 속에 사력을 다해 달렸다. 오직 우승으로 엄마와 선생님을 기쁘게 해 드리고 싶었다.

속력을 내며 팔을 힘껏 휘둘렀다. 그 순간 가슴 싸개가 스멀스멀 밀려 올라가는 느낌이 왔다. 슬쩍 내려다보니, 앞가슴이 한곳에 몰려 산처럼 불룩 솟아 있었다. 당황스러움이 얼굴까지 확 달아올랐다. 목표한 우승이 저 앞에 보였다.

이대로 들어가면 모두의 시선을 받게 될 것이다. 키 큰 것도 창피한데 감춰두었던 앞가슴까지 드러내면 어떻게 해야 하나? 교단 뒤로 숨어 버릴까? 아니면 세면대 쪽으로 달아날까? 혼란스러움에 머릿속은 뒤범벅이 되었다.

당당해지라며 응원하던 엄마가 숨죽이고 지켜보고 있을 것이다. 마음고생 많았던 선생님도 내 모습에 실망하지 않기를 바랐다. 그 순간, 결정했다. 시선이 집중되는 1등을 피해 모두의 기대를 저버리지 않는 2등으로 결승선을 통과했다.

일등에게 관심이 쏠리는 틈을 타 배가 아픈 듯 주저앉았다. 고개를 무릎에 묻고, 앉은뱅이 자세로 조심조심 걸어 나오는데 엄마가 달려와 나를 꼭 감싸 안았다. 엄마 품은 너무도 따뜻하고 든든했다.

　지나간 나의 아픈 과거를 알 리 없는 그녀가, 그저 내 겉모습만 보고 선수가 되자고 따뜻한 호의를 베푼 것이다. 평범하게 듣고 지나칠 수 있었던 '달리기' 라는 말 한 마디가 오랜 세월 마음속에 가시로 박혀있던 어린 시절의 그때를 떠올리게 했다.

별빛

　시내에서 변두리로 이사를 왔다. 서둘러 집을 팔고 새집을 구하느라 이사 날짜를 조율할 틈이 없었다. 결국, 이사 온 날부터 남편은 야간근무로 집을 비우게 되었다. 혼자서 밤을 견딜 자신이 없어 연로하신 시누이를 모셔왔다. 초저녁잠이 많은 시누이께 이부자리를 깔아주고 조용히 방문을 닫았다.
　저녁 기도를 드리기 위해 거실에 앉았다. 거실이라야 기와지붕 처마 끝에 새시 창틀로 덧댄 나지막하고 좁은 공간이었다. 무릎을 꿇고 눈을 감았다. 세상은 숨을 죽인 듯 고요했다. 텔레비전이라도 켜두었으면 했지만 막 잠든 시누이를 방해하고 싶지 않았다. 눈을 감고 마음을 모으는데 꿀꺽 내 침 삼키는 소리가 들렸다. 복잡한 감정이 밀려와 기도에 집중할 수 없었다.

어제 입주 청소를 마친 남편은 자신이 아끼는 난 화분을 먼저 옮겨놓겠다며 아파트로 갔다. 나는 덩그러니 툇마루에 앉아 남편을 기다렸다. 해가 앞산 너머로 넘어가려 했다. 주변을 둘러보니 사람 그림자라고는 보이지 않았다. 개 짖는 소리조차 들리지 않는 적막강산이었다. 간간이 닭장에서 전 주인이 키우던 닭이 모이통 쪼는 소리가 들렸고, 옆집 절에서 들려오는 풍경소리가 있을 뿐이었다. 열대여섯 가구쯤 되어 보이는 이웃이 사는 곳까지는 손짓을 크게 해야 보일 만한 거리였다. 내가 느끼는 정서적 거리는 다른 마을처럼 멀었다.

순간, 가슴에서 쿵하는 소리가 들렸다. 알 수 없는 외로움이 엄습해 왔다. 그 감정은 곧 우울과 무기력으로 이어졌다. '내 선택이 잘못된 것은 아닐까.' 하는 후회가 밀려와 가슴이 무너졌다.

주변은 온통 재테크 바람으로 분주했다. 그런 중에도 변화를 싫어하는 남편의 고집은 여전히 단단했다. 우리 집은 이십 년이 넘도록 스물다섯 평 아파트에 머물러 있었다. 남편은 매사를 안정이라는 범주 안에서 해결하고 싶어 했다. 하지만, 어떻게든 남편의 마음을 움직여 남들이 누리고 있는 반전을 우리 삶에도 가져오고 싶었다. 아들 결혼을 빌미로 설득해 보았지만 남편은 생각을 바꾸지 않았다.

그러던 어느 날, 나에게 당뇨가 찾아왔다. "직접 기른 채소로 식단을 꾸리려야 한다."라는 이유를 내세워 평소 전원생활에 관심을 두던 남편을 다시 설득했다. 지인을 통해 우연히 알게 된 오지 마을은 집을 구하려는 사람들로 줄까지 서 있다는 곳이었다. 서둘러 결정하지 않으면 기회를 다른 이에게 넘긴다는 말에 몸도 마음도 바삐 움직였다.

정신을 차리고 보니, 스물다섯 평도 좁다던 내가 열다섯 평도 안 되는 좁고 낡은 집에 앉아 있었다. 유난히 외로움을 견디지 못하는 내가 인기척 하나 없는 외딴집의 주인이라는 사실이 도무지 믿기지 않았다. 되돌릴 수만 있다면 좋겠다고 뒤늦은 후회를 해보지만 이미 되돌릴 수 없었다.

이 낯선 곳에 적응할 수 있을까. 불안한 마음이 물밀 듯 밀려왔다. 호흡을 가다듬고 기도에 집중하려 했지만 조금 전부터 어렴풋이 들려오는 소리에 자꾸만 흐트러졌다. 숨을 죽이고 귀를 기울이며 그 소리를 따라가 보려 했으나 긴장감만 고조되었다. 하는 수 없이 시누이를 깨웠다. 시누이는 비몽사몽한 얼굴로 아무 소리도 들리지 않는다며 다시 잠에 빠져버렸다.

비어 있던 집에 불빛을 보고 누군가 찾아온 걸까? 유리문에는 시트지를 붙여두었지만 울타리도 담장도 없는 허름한 집이라 불안했다. 혹시라도 누가 문고리를 잡아당기기라도 할까 봐 신경이 바짝 곤두섰다. 마음을 가라앉히고 문설주에 기대어 오감을 동원했다. 얼핏 들려오는 소리는 윗마을에서 싸움이 난 듯도 했고, 또 어떻게 들으면 떠꺼머리 총각이 울부짖는 소리 같기도 했다. 혹시

이 마을에 정신이 아픈 사람이 있는 건 아닐까? 어릴 적 기억이 떠올랐다. 밤이면 머리를 풀어헤치고 마을을 휘저으며 난동 부리던 군화 신은 거지가 연상되었다. 도대체 이 마을엔 어떤 사연이 숨어 있는 걸까?

그렇다 해도 이제 이 집의 주인이다. 남편이 야간근무에 들어가는 날이면 언제나 혼자다. 이 불안한 심리를 다스리지 못한다면 앞으로도 많은 밤을 두려움 속에서 보내야 할 것이다. 이곳은 행복한 날들의 변화를 꿈꾸며 내가 선택해 옮겨온 터전이다. 그리고 지금, 나는 하느님께 기도 중이지 않는가. 생각을 하니 두 손에 힘이 들어갔다.

겉옷을 걸쳐 입고, 운동화 끈을 조여 맸다. 묵주를 쥔 손에 힘을 꽉 주고, 긴장된 마음으로 문을 활짝 열었다. 그 순간, 숨이 막혀 그대로 주저앉고 말았다. 눈앞에 펼쳐진 밤하늘, 별을 품은 하늘이 너무도 찬란했다. 마치 기다렸다는 듯 무수한 별빛이 나를 향해 쏟아져 내렸다. 처음 느껴보는 황홀경에 그만 눈물이 났다. 두 손을 모아 하늘을 우러러 감사를 드렸다.

문틈 사이로 들려오던 의문의 소리도 더는 두렵지 않았다. 그건 다름 아닌 뒷 숲에 사는 부엉이의 소리였다. 심한 변성기 탓에 괴상하게 들렸을 뿐 이웃이 된 나를 위해 불러주는 사랑 노래였던 것이다. 피식 헛웃음이 났다. 유리창 하나 사이에 지옥과 천당이 있다는 걸 처음 깨달았다.

문제해결을 하기 위해 직접 나선 그 용기에 스스로를 칭찬했다. 만약 그 결단이 없었다면, 나는 여전히 두려움에 사로잡혀 헤매고 있을 것이다. 겁 없이 부딪쳐 얻어낸 이 마음의 평화가 그저 고맙기만 했다.

신비한 목소리로 환영의 노래를 불러주던 부엉이는 이제 친근하고 반가운 이웃이 되어 충만한 이 밤을 함께 하고 있다.

잔소리 사랑법

 알람이 새벽잠을 깨웠다. 창문 너머로 바람 소리가 스산했다. 이불을 뒤집어쓰고 더 자고 싶은 마음 간절했으나 약속을 지키지 않으면 두고두고 들어야 할 남편의 잔소리가 두려워 따라나섰다.
 주말 새벽길은 여유로웠다. 바람에 떨어진 은행잎이 도로 위에 노란 융단처럼 깔려 있었다. 그 아름다움에 취해 문득 오래전에 보았던 영화 '가을의 뉴욕'이 연상되었다. 가슴 설레게 했던 남자 주인공 리차드 기어를 떠올리며 남편의 앙다문 옆모습을 보았다. 그는 운전석에 앉으면 오로지 앞만 본다.
 주차장에 도착하니 산바람이 제법 차가웠다. 남편은 스틱 높이를 맞춰주며 말했다.
 "등산복이 너무 얇다. 등산화 끈은 당겨 묶어라. 걸어가며 장갑

끼면 넘어진다."

　이제 첫발을 내디뎠을 뿐인데 남편은 내 모든 것에 사랑의 말을 얹었다. 정상까지는 서너 시간을 올라가야 한다. 산을 오를 일보다 더 걱정되는 건 남편의 잔소리다. 그 말들 속에 걱정과 근심이 숨어 있다는 걸 알면서도 듣는 나는 버겁기만 하다. "팔을 크게 흔들어라, 빠르게 걸어야 운동이 된다. 호흡이 왜 그리 가쁘냐, 평소 운동을 게을리한 탓이다." 등등 무수한 말들이 이어질 것이 뻔했다. 그 잔소리가 듣기 싫어서 남편을 따라 쉬지 않고 올랐다. 숨이 차올라도 멈추지 않았고, 리듬을 잃지 않으려 애썼다.

　정상은 사람들로 붐볐다. 산에 오른 기쁨을 카메라에 담았다. 준비해 온 도시락으로 점심을 먹고, 하산길을 서둘렀다. 중턱쯤 내려오면 남편이 좋아하는 산장이 있다. 그곳에서 따뜻한 음료로 몸을 녹이며, 새벽부터 이어진 긴 산행의 피로를 풀었다.

　하산 후 온천을 하고나서야 핸드폰이 보이지 않는다는 걸 알았다. 이리저리 뒤져봐도 찾을 수 없었다. 남편 핸드폰으로 전화를 걸어보았으나 아무런 응답이 없었다. 아차 싶었다. 산장에서 핸드폰을 배낭에 넣다가 바닥에 떨어뜨렸던 기억이 났다. 배낭을 챙기느라 주변을 살피지 않은 것이 화근이었다. 산장 주인이 혹시 주워두었을까 싶어 재발신 버튼을 눌러보았다. 신호음만 허공에 흩어졌다.

　난감했다. 핸드폰을 새로 장만하는 것도 부담이었고, 그 안에

잔소리 사랑법

담긴 정보들이 더 큰 문제였다. 혹여 산장 주인이 아닌 다른 이의 손에 넘어간다면, 업무에 큰 지장이 생길지도 모른다. 게다가 지금 당장 남편에게 들어야 할 잔소리도 걱정이었다.

입술이 바짝 말라왔다. "산장으로 다시 가서 핸드폰을 찾아올 게요."라는 말이 채 끝나기도 전에 남편의 목소리가 높아졌다.

"그렇게 매사에 조심하라고 했지? 내 말은 귓등으로도 안 듣더니 잘한다. 나는 못 올라간다. 나 여기 있을 테니까 당신 혼자 올라갔다 오든가."

남편은 그 말을 끝으로 입을 굳게 다물었다. 화가 많이 났음이다. 이럴 땐 차라리 잔소리 듣는 게 훨씬 편한데 침묵이 더 무거웠다.

못 들은 척 등산화 끈을 조이며 산을 바라보았다. 산등성이에는 그림자가 짙게 드리워져 있었다. 바싹 마른 갈잎이 뚝뚝 떨어지며 스산한 소리를 냈다. 혼자서는 도저히 산을 오를 자신이 없었다. 남편은 한번 결정하면 좀처럼 번복하지 않는 사람이다. 나는 차 밖에서 서성거렸고, 남편은 차 안에서 침묵이 흘렀다.

더는 기다릴 수 없어 차 문을 열며 말했다.

"당신, 여기 혼자 있다가 호랑이라도 나타나면 어쩌려고 그래?"

남편의 눈을 바라보며 웃음 반, 울음 반의 절실한 표정을 지어 보였다.

육십 중반을 넘긴, 더구나 밤샘 근무를 마치고 온 사람에게 그

높은 산을 두 번이나 오르게 한다는 건 무리였다. 하지만 다른 방법이 없었다. 남편은 차에서 내리며 말했다.

"나 대신 호랑이가 당신 물어가라 할 거다!"

볼멘소리를 남기고 남편은 쏜살같이 산 위로 자취를 감췄다.

이미 해는 지고 없었다. 내 모든 촉각은 남편을 향했다. 누가 나를 위해 불빛 하나 없는 험한 산길을 다시 오르겠는가! 남편이 나를 얼마나 아끼는지를 생각하니, 남편이 평소에 하는 잔소리쯤은 아무것도 아니라는 생각이 들었다.

무언가 등 뒤에서 옥죄어오는 두려움에 남편을 부르고 싶었지만 메아리도 무서워 숨만 가쁘게 몰아쉴 뿐이었다. 살다 보면 남편 없이 홀로 세상과 맞서야 할 날이 있을지도 모른다. 그 길 또한 지금처럼 두려움에 떨며 걷게 되지 않을까.

무서워 침만 삼키고 있는데 멀리 산 위에서 남편의 호신용 호루라기 소리가 들렸다. 이윽고 남편이 나를 부르는 목소리도 들려왔다. 평소에는 잔소리꾼이라며 듣기 싫어했던 그 목소리였다. 지금 이 순간, 그 목소리는 거룩한 천상의 소리처럼 들렸다. 죽었던 사람이 살아 돌아온 듯 반가웠다.

신혼 시절부터 남편은 나에게 해 주고 싶은 것이 많았다. 현실의 제약 앞에서 뜻대로 해 줄 수 없었고, 그는 말로라도 나를 챙기며 자신의 마음을 표현했다. 그것이 남편이 가진 나를 향한 사랑의 방식이라는 걸 알고 있었다. 하지만 시간이 흐르면서 쓸데없는 간섭이나 잔소리로 단정 지었고, 그것이 익숙한 일상이 되어 남편의 진심은 점점 묻혀 버렸다.

내가 조금만 더 사려 깊고 현명한 아내였다면, 바쁘다는 이유로 그의 마음을 건성으로 흘려보내지 않고, 좀 더 깊이 헤아릴 수 있었을 것이다. 그랬다면 지금보다 더 따뜻하고 행복한 부부로 살아오지 않았을까. 지혜롭지 못해 사십 년의 세월이 흐른 오늘에서야 남편의 사랑법을 되새기며 나를 반성했다.

손전등을 비춰주며 내 손을 꼭 잡은 남편이 능청스럽게 말했다.

"호랑이가 안 물어갔네. 온천 앞 식당에서 핸드폰이 사랑하는 당신을 기다리고 있답니다, 산장 주인이 맡겨 두었다지요."

나의 작은 행동에도 걱정이 많은 사람이 큰 실수를 너그럽게 감싸주는 모습을 보며 그가 한없이 든든하게 느껴졌다. 그 순간 우리는 다시 한번 서로의 사랑을 확인했다. 밤하늘의 별들도 하나둘 빛을 내며 우리 부부의 길을 밝혀 주는 듯했다.

꿈을 찾아서

 복지관 건물에 수강생을 모집하는 현수막이 걸렸다. 은퇴 후 무료했던 터라 눈이 번쩍 뜨였다. 스마트폰 활용법, 탁구, 수영, 요가, 노래 교실 등 다양한 프로그램이 있었다. 그중에 평소 내 관심사인 통기타반이 있어 반가웠다.
 통기타를 떠올리면 언제나 젊은 날의 아쉬움이 여운처럼 마음에 남는다. 언젠가는 다시 기타를 메고 대중 앞에서 제대로 된 반주로 박수를 받는 꿈을 꾸었다.
 이제라도 도전해 볼까 하는 마음 너머로 두려움이 먼저 고개를 흔든다. 과연 내가 기타를 다시 배울 수 있을까? 그저 무료하던 날에 가져보는 괜한 객기는 아닐까하는 의문이 든다. 그런데도 여전히 미련이 남는 건 젊은 날 채우지 못한 갈증이 남아 있어서다.

정리되지 않은 생각을 안고 복지관에 들어선다. 한쪽에서는 오감을 자극하는 음악 소리가 넘쳐 나오고, 다른 곳에서는 내 또래의 시니어들이 음악에 맞춰 율동을 하며 버벅대고 있다.

노래교실 문이 살짝 열리는 틈으로 강당 안을 들여다본다. 마이크를 잡고 노래를 부르거나, 자유롭게 춤을 추는 사람들 모습이 흥겨워 보인다. 그들의 밝은 분위기에 내 어깨도 들썩여 가라앉았던 기분이 살아난다.

순간 갈등이 인다. 노래 교실은 노력하지 않아도 부담 없이 즐길 수 있다. 기타는 고된 연습과 숙련이 필요한 먼 길이다. 더구나 기억력이 예전 같지 않은 노년이다. 어차피 취미란 즐기기 위한 것이 아닌가. 자신감 있는 노래 교실에서 기량을 뽐내며 뱀의 머리가 될 것인가, 기타에 도전해 용의 꼬리가 될지라도 오랫동안 품어온 꿈을 찾을 것인가.

처음 기타를 배운 것은 학창 시절 방학 한 달 동안이었다. 그 후로는 틈틈이 혼자 한 연습이 전부였다. 졸업 후, YMCA에서 레크레이션 2급 자격증을 취득했다. 강사로서의 첫 실전 무대는 교회 중고등부 여름 캠프였다.

간사는 열린 공간에서 실력을 보완해 줄 기타의 중요성을 설명했다. 짧은 내 실력을 알면서도 코드 하나만 짚고, '꿍짝' 리듬만 쳐도 기타에 의지하는 것이 옳다고 강조하며, 강사료가 두 배라고 설득했다. 기타에 의지해 무사히 행사를 치렀고, 두 배의 강사료를 받고는 의기양양했었다.

결혼 후, 여성으로 구성된 직장에 근무하며 행사가 있을 때면 젊은 날 경험을 살려 기타를 메고 진행을 맡았다. 그럴 때마다 부족한 자신의 실력에 박수를 받으며 허기를 느꼈다. 그 갈증을 채우기 위해 벼르고 벼르다가 어렵게 학원을 찾았지만 기타 실력보다 더 절실한 1인 3역의 현실 속에서 기타는 번번이 뒤로 밀리고 말았다.

악기는 시간을 투자해 반복해야 한다. 그동안은 사는 게 바빠 엄두조차 내지 못했다. 이제 시간에 매이지 않아도 되니, 마음먹으면 되는 줄 알고 용기 내어 왔으나 마음이 흔들린다. 노래 교실에서 흘러나오는 익숙하고 안정된 '쿵짝' 리듬에 행복감이 솟구친다.

강당에 앉아 생각을 거듭한다. 우리가 삶을 너무 쉽게만 살아간다면 인생의 참 의미를 알지 못한다. 이 한 시절도 내 삶의 한 과정이다. 설령 그것이 취미 생활이라 하더라도 내가 살아온 방식에서 빗어난다. 내겐 쉬운 길은 익숙하지 않고, 의미도 없다.

도전하고 공부해야겠다. 비록 손마디가 뻣뻣해져 코드 잡기가 여의찮아도 어려운 과정을 이겨내서 스스로 만족할 수 있을 때까지 실력을 다져 가야겠다. 기타를 메고, 제대로 된 반주로 환호하는 박수 소리에 당당하게 호응하고 싶다. 높아진 자존감으로 풍요로운 노년을 만끽하고 싶다. 가슴에 깊이 묻어두었던 꿈을 찾아 설레는 마음으로 기타 교실 문을 노크한다.

제2부

호랑이 등에 타다

비빌 언덕 없어 마음고생이 많았던 남편에게도 유일한 즐거움이 있다. 한 달에 한 번씩 줄어드는 대출금 숫자에 맞춰 우리 집 비밀번호를 바꾸는 일이다.
오늘은 남편이 기다리는 바로 그날이다. 그 마음을 알기에 돌아가는 언니들 배웅보다 먼저 마음은 은행으로 달려간다. 행복하고 당당하게 웃는 남편의 얼굴이 자꾸만 겹친다. 그래, 지금 나는 그 농부가 부러워했던 바로 그 호랑이 등에 탄 사람이다.

- 호랑이 등에 타다
- 태풍이 지나간 자리
- 멈춤에서 다시
- 터전
- 비상구
- 동행
- 구두 소리
- 감사패
- 성형 중
- 밥그릇

호랑이 등에 타다

전원주택

 지난 봄, 사방에 흩어져 사는 네 자매가 모였다. 언니 칠순 축하 여행을 하고, 우리 집에 들르는 길이었다. 태화강역 앞에서 좌회전 신호를 받아야 우리 집에 올 수 있다. 언제나 그랬듯이 나는 내자가 신호에 걸려 주길 바랐다. 멀리서도 번듯하게 서 있는 우리 건물을 한참 동안 볼 수 있기 때문이다. 신호등은 고맙게도 우리를 붙잡아 주었다.
 "언니, 저기 봐요. 저 건물이 우리 집이에요."
 신호 대기 시간을 놓칠세라 내 손가락은 춤을 추듯 앞유리창을 뚫을 기세로 자랑질에 나섰다.
 "어디?"

"저기 주유소 뒤에 보이는 건물요."

"야! 근사하다."

나는 으쓱해져서 바로 우회전하면 우리 건물 앞인데 일부러 한 바퀴를 돌았다. 두 번째 골목에서 보이는 건물의 측면이 멋져 보여서다. 특히, 회색 벽에 갈색 대리석 판을 덧대고 금장을 두른 건물 이름이 햇빛을 받아 빛날 때면 내 마음도 함께 빛이 나기 때문이다.

"와! 멋지다. 요즘 조물주 위에 건물주라는데 우리 막내 정말 대단하다."

"그렇지도 않아요. 반은 은행 건데요, 뭘."

그렇게 말을 하면서도 내 마음은 덩실덩실 춤을 추고 있었다. 빚도 능력이라며 엘리베이터에서 호호, 하하 기뻐해 주는 언니들의 찬사에 나는 마치 어느 농부가 보았던 호랑이 등에 타고 달려가는 기분이었다.

몇 년 전, 이웃에 사는 아이 고모부께서 큰 병에 걸리셨다. 환자 요양을 위해 맑은 공기를 찾아 전원생활을 계획했다. 자연을 좋아하던 나는 시간을 내어 부동산 일을 하는 시숙을 따라다녔다.

바닷가 길을 달려 도착한 어느 산골 마을이 아늑하게 내 품 안으로 안겨 왔다. 이런 곳이라면 부지런하고 손재주가 많은 남편을 설득할 수 있겠다는 생각이 들었다. 시숙에게 빈집이 나면 소개해 달라고 부탁했다. 하지만, 요지부동인 남편 때문에 더는 진척이 없었다.

　시간은 멈춘 듯 흘러가고 아이들 고모부도 고인이 되었다. 전원을 운운하던 나도 하루하루 살기 바빠 잊고 지냈다. 우리 집 경제도 스물다섯 평의 아파트 안에서 맴돌고 있었다.

　김장철에 소금 가마니를 옮기다 다리를 다쳤다. 병원 입원 중에 피검사 결과에서 당뇨 판정을 받고 의욕을 상실했다. 큰 병에 걸린 듯 남편도 당황스러워했다. 친정어머니가 당뇨합병증으로 세상을 떠나셨기에 마음은 더욱 무거웠다.

　이십 년 넘도록 근무했던 학습지 회사에도 변화의 바람이 불었다. 건강을 빌미로 자리에서 물러났다. 이참에 관심 있던 재테크에 도전해 보고 싶었다. 이 기회에 움직이지 않으면, 남편은 아파트에 안주한 채 영영 붙박이가 될 형국이었다. 전원에서 맑은 공기를 마시고, 신선한 먹거리로 당뇨 식단을 꾸려야 합병증이 오지 않는다고 설득했더니 그제야 남편이 마음의 빗장을 풀어주었다.

　삼월의 훈풍이 불던 날, 살아보고 싶었던 골짜기 전원마을로 이사를 했다. 내 인생에 변곡점이 된 첫걸음이었다. 자연이 주는 무수한 혜택을 누릴 수 있는 양지바른 사찰의 옆집이었다.

　뒷산 소나무와 울타리를 이룬 울창한 대나무 숲이 바람을 날아다 주었고, 넓은 마당 곳곳에 감나무는 운치를 더해주었다. 밤하늘에는 우수수 별들이 내 행복만큼 쏟아져 내렸다. 삼면이 산으로 둘러싸인 마을은 평온했다. 어릴 적 살았던 산골에서 느꼈던 정서적 안정을 주었다.

스물다섯 평도 좁다던 내가 열다섯 평 주택에서도 별다른 불편 없이 지냈다. 수탉이 우는 소리에 하루를 시작했고, 친화력 넘치는 진돗개도 가족으로 맞았다. 때때로 지네 퇴치법을 몰라 야단법석이 벌어졌고, 여름철에 곤충들 습격으로 귀찮을 때도 있었지만 자연과 공생한다는 마음으로 이 정도쯤이야 하며 웃어넘겼다.

낡고 오래된 집을 돋보이게 하려고 정원을 꾸몄다. 남편을 졸라 대나무로 얼기설기 엮어 키 낮은 울타리도 만들었다. 지인들을 통해 항아리를 공수받아 마당 곳곳에 항아리를 배치해 놓았다. 장작더미를 쌓아 자연미를 더했고, 깨진 기왓장도 정겨운 소품이 되었다.

뒷산에 계절 따라 피어나는 들꽃을 우리 마당으로 초대했다. 장독대를 둘러싼 봉숭아꽃이며 채송화꽃이 청아하게 웃어줄 때면, 내 마음에도 행복의 꽃이 피어났다. 남편이 진흙과 기왓장을 쌓아 굴뚝을 올려 주었다. 가마솥을 걸어 두고, 봄바람 꽃향기 따라 찾아오는 지인들을 맞아 훈훈한 연기를 피워 올렸다.

대문 없는 집, 마당 입구에는 생명을 다한 감나무 등걸이 있었다. 남편이 정성껏 만든 빨간 우체통이 그 자리에 새 생명을 불어넣었다. 오고 가는 사람들의 발길이 머물렀고, 그들이 흘려 놓은 감탄사와 해맑은 이야기들이 우체통 속에 하나둘 채워져 갔다.

길은 멀었지만 다시 시내로 출퇴근하며 일을 시작한 나는 주말을 앞당겨 쓰며 정원 꾸미는 일에 푹 빠졌다. 소박하고 평안한 환경이 주는 여유로움은 행복 그 이상이었다.

하지만 남편의 반응은 사뭇 달랐다. 그는 이곳이 마음에 들지 않는다고 했다. 무성한 대나무와 감나무가 계절마다 잎을 떨구는 자연의 순리가 부담스럽고, 우리 땅의 넓은 면적이 타인을 위한 용도로 쓰이는 것이 억울하다고 했다. 무엇보다 신선한 먹거리를 위해 옮겨온 땅이 오염되었다며 불평했다. 같은 공간, 같은 환경에서 이렇게 다른 마음을 품고 있는 남편의 엇박자가 안타까웠다.

아들들이 혼기를 맞는 나이가 되었다. 우리 부부만 살 때와 달리 좁고 습한 낡은 집에서는 새 식구를 맞을 수 없어 남편을 설득했다. 남편은 이 땅에는 집을 짓지 않겠다고 줄곧 각을 세웠다. 자식 이기는 부모 없다더니 남편도 결국 뜻을 꺾었다. 새집을 짓기로 하고 설계 도면까지 완성했다. 그러나 건축업자와 최종 협의가 있던 날, 남편은 갑자기 없던 일로 하자며 판을 뒤엎어버렸다.

그렇게 두 해가 쏜살처럼 지나갔다. 서울이 직장인 아들의 혼사 날짜가 잡혔고, 내 마음이 조급해졌다. 헌 집을 헐고 새집 지어 새 식구 맞이하자고 설득했지만 남편은 여전히 동의하지 않았다. 서울 며느리들도 그렇고 태어날 손주가 벌레에 물릴 수 있다고 자극했더니 알아서 하라며 허락 아닌 허락을 했다.

새집을 지을 생각에 들뜬 마음으로 구청에 건축 신청을 하러 갔다가 뜻밖의 통보를 받았다. 지적도상의 현재 상태로는 건축이 불가하다는 것이었다. 정권이 바뀌면서 조례가 까다로워졌다. 4m 진입로가 아니면 건축 허가를 받을 수 없었다. 도로에서 우리 집으로 들어오는 길은 승용차 한 대가 겨우 지나다닐 수 있는 농로였다. 건축을 하려면 길을 4m 폭의 소방도로로 변경해야 했다. 양쪽 논 주인의 동의서가 불가피했다.

양쪽 논 주인들은 집을 매입할 당시에 편의를 봐 주겠다고 말했던 시숙의 지인들이 아니었다. 소유권이 이미 타지 사람으로 넘어가 있었다. 겨우 마음을 열었던 남편은 시작부터 일이 순조롭지 않자 불편한 기색을 감추지 못했다. 나 역시 뾰족한 대책 없이 마음만 조급해져 노심초사하며 시간만 흘려보냈다.

봄날이었다. 동네 소식통인 아주머니가 들뜬 얼굴로 나를 찾아왔다. 우리 밭 아래 나대지 땅이 팔려 그 위에 주택이 건축된다는 반가운 소식을 전해주었다. 그토록 오매불망하던 4m 진입로가 마침내 열리게 된 것이다. 감사한 마음에 아주머니의 손을 잡고 껑충껑충 뛰며 기쁨을 나눴다. 그러나 그 기쁨은 오래가지 못했다.

얼마 후, 나대지 땅을 중개한 부동산업자로부터 호출이 왔다. 우리 집 진입로를 측량한 결과, 열 평이 새로 집을 지을 사람의 소유라는 것이다. 그는 도면을 펼쳐 보이며, 그 땅을 평당 삼백만 원에 매입했다며 삼천만 원을 요구했다. 평당 몇십만 원에 불과한 상황에서 몇 배의 금액을 요구한 것이다.

가슴이 답답해졌다. 이 일을 남편이 알게 될까 두려웠다. 넓은 우리 땅을 사찰에 오가는 사람들에게 길로 내어준 것이 억울하다던 남편이었다. 이 사실을 알게 되면 뒷목 잡고 드러눕고 말 것이다. 남편의 속앓이가 생돈 삼천만 원보다 더 두려웠다. 삶이란 한 치 앞을 알 수 없다는 말이 현실이 되었다.

오 년째 문제없이 드나들던 내 집 앞 도로에 값을 치르는 일이 과연 옳은 것인지 알고 싶었다. 법을 안다는 사람에게 자문해 봤지만 뾰족한 답을 얻지 못했다. 해법을 찾기 위해 구청 담당자를 찾아가 호소했다. 지적도상에 소유권이 정해진 상태에서는 방법이 없단다. 전원주택 관련 분쟁이 잦다며 도움의 여지조차 보이지 않았다. 풀이 죽은 채 중개인을 찾아가 도와달라고 간청했다.

다음날, 주인으로부터 통보가 왔다. 그동안 사용했던 도로이고, 이웃 사이니 천만 원으로 해결하자는 것이었다. 정해진 시간 안에 약속을 지키지 않으면 법대로 하겠다는 말을 덧붙였다. 억울했지만 천만 원을 주고 길을 샀다.

사업장

세 들어 운영하고 있던 사업장 사무실에 비가 샜다. 여러 차례 독촉 끝에 건물주가 누수공사에 착수했다. 가슴 졸이며 보수가 마무리되기를 기다렸으나 건축한 지 오래된 건물이라 원인을 찾지 못했다. 결국, 사무실 이전으로 결정이 났다. 이사 비용은 건물주가 부담한다지만 건물에 걸려 있던 보증금으로는 옮길 만한 자리에 임대료가 부족했다.

 이런 상황을 남편에게 알려야 하는데 얼마 전 일이 마음을 막고 있었다. 어떻게 설명해야 남편의 낙담을 덜 듣고 사무실을 옮길 수 있을지 막막했다. 이렇게 닥칠 돌발 상황을 예상하지 못한 채, 그날 눈앞에 위기만 모면했던 것이 후회되었다.

 정년까지 생각하고 근무했던 나는 직장에서 갑작스럽게 퇴사하게 되었다. 아직은 놀기에 너무 젊고, 노후 준비도 되어있지 않았다. 그렇다고 몸으로 하는 일은 자신이 없었다. 퇴직금으로 받은 얼마의 돈으로 사업하겠다는 나를 남편은 완강하게 막아섰다. 여차 해서 그 돈을 날리게 되면, 우리 가정 경제에 미칠 손실을 두려워하며 사업을 탐탁해 하지 않았다.

 남편은 사십 대 중반에 직장을 잃었다. 어느 날, 건축 공사장에서 일을 하다 낙상 사고를 당해 장기간의 치료에 매달리며 경제 활동의 공백이 길었다. 남편은 전원으로 옮겨 오면서 경비 근무를 시작한 터라 가장으로서 느끼는 경제적 중압감에 자유롭지 못해서 내 퇴직금을 지키고 싶어했다.

 미래를 꿈꾸며 건강기능식품 방문 판매사업을 시작했다. 강산이 두 번 바뀌는 세월 동안 사람 관리를 해 왔던 나로서는 상품만 바꾸면 되는 일이라 내 고집을 꺾지 않았다. 자금이라기에 너무도 적게 시작한 사업은 제품값인 공탁금을 넣고 나니 사무실 임대료가 부족했다. 도로에서 제법 떨어진 뒷골목에서 시작한 영업장은 시간이 지나면서 정을 나누는 공간으로 부상하며 사람들이 모여들었다.

큰 조직을 만들기 위해 사무실을 이전했다. 사업은 만만치가 않았다. 규모가 커지면 커지는 만큼 필요 자금이 벅찬데 불현듯 본사에서 화장품을 출시했다. 재투자가 불가피했다.

사업이라고 하고는 있지만 은행거래가 보잘것없었다. 내 현실에서 사방을 둘러봐도 누구에게 도움을 청할 사람이 없었다. 하는 수 없어 우리 집에 유일했던 적금을 대출받았다. 적금 만기일까지는 여유가 있었다. 남편 모르게 유용해 쓰고 기간 안에 채워 넣는다는 계획이었다. 기대와 달리 투자한 대출금은 환원되지 않았다. 눈코 뜰 새 없이 동동거리며 살았지만 인지도 없던 화장품은 자금을 물고 돌려주지 않았다.

바삐 뛰어다니다 이자 넣는 날짜를 놓쳤다. 은행에서 날아온 독촉장을 남편이 보고 말았다. 아내의 사업을 믿지 못하고 위태롭게 바라보던 남편에게 큰 충격이었나보다. 남편은 목덜미를 잡고 숨을 몰아쉬었다. 당장이라도 우리가 쪽박 차고 거리로 나설 듯 낙심했다. 나의 어떤 설명이나 변명도 머리끝까지 차오른 남편의 뒤엉킨 심경을 잠재울 수 없었다.

"당신을 위해, 우리 가족을 위해 잠시 투자한 돈이니 곧 되돌려 놓겠다." 하는 변명조차도 입밖에 내지 못했다. 그저 남편의 감정을 수습할 미안하다, 잘못했다, 두 번 다시는 이런 일은 없을 거라고 읊조려 빌고 또 빌었다. 한순간이라도 빨리 사슬에서 벗어나야 했다. 아차해서 마이너스인 사업 통장을 운운하게 될까 봐 속히 일단락에서 멈춰 주기를 간절히 기도했다.

당장 사업을 정리할 수 없다는 것을 남편도 알고 있는 터, 하루를 애간장 태우던 남편이 두 가지 제시안을 내밀었다. 앞으로 돈을 빌린 경우가 생기면 반드시 본인과 상의할 것, 단돈 만 원이라도 빚을 낼 경우가 생기면 사업 정리하기였다.

억압에 눌려 그렇게라도 마무리해야 했다. 더 큰 화가 될 수 있었던 속 빈 통장 보안에 감사하며 평안한 일상으로 돌아온 것이 얼마 전에 일이다. 사업 이야기에는 남편이 예민할 수밖에 없어 눈치를 살폈다.

저녁 식사에 남편이 좋아하는 막걸리를 반주하며 조심스럽게 이야기를 꺼냈다.

"사업장을 옮겨야 해요."

수척해진 아내 몰골이 안쓰럽던지 남편은 불쑥 "시내 중심지에 건물을 사 줄 테니 걱정하지 말라."며 내 어깨를 토닥였다.

술기운이 기분을 바꿔 놓았다 해도 남편에게서 들어볼 수 없는 말이었다. 며칠을 기다려 어렵게 던진 말에 뜻밖에 돌아온 대답이 고마워 남편 엉덩이를 두드려주었다. 모질게 대했던 지난 일에 미안함인지 좀처럼 없던 긍정적인 말로 응대하는 남편이 더없이 큰 사람으로 보여 행복했다.

며칠 후, 동네 슈퍼에서 유지라 불리는 단체장의 부인과 마주쳤다. 집 지을 계획을 들었다며 부인이 말을 건넸다. 평소 마을을 오가면서도 서먹했던 그녀였다. 집을 지으려면 마을 이미지가 훼손되지 않는 집을 지어야 한다며 자신이 추천하는 집을 지으라며 모델이 될 전원주택을 소개하겠다고 했다.

차를 몰고 그녀가 가자는 곳으로 따라나섰다. 바쁜 내가 그녀의 설레발을 받아들인 것은 전원주택을 빌미로 서먹했던 관계 개선을 위해서였다. 이웃이면서 이유 없이 낯설게 대하던 그녀의 심증이 궁금했고, 그녀의 그런 태도가 전원에서의 내 행복 지수에 걸림돌이 되었다.

그녀가 안내한 전원주택은 빨간 기와지붕을 얹은 언덕 위의 하얀 집으로 돋보였다. 내가 그려왔던 주택이었다. 사진 몇 컷을 찍으며 그녀가 주장하는 그림 같은 집과 남편이 설계하는 실용 위주의 주택이 대조적이라 피식 웃음이 났다.

그녀는 나보다 두 살이 위였다. 그녀는 내가 시장통에서 달여 파는 식품을 취급하는 줄 알고, 자신은 확실한 브랜드 제품이 아니면 애용하지 않는다며 선을 그었다. 내가 명함을 내밀어 소개했더니 믿을 수 있다며 반색했다. 자신의 섣부른 판단으로 데면데면했던 그간에 일에 대해 미안하다는 솔직함에 내 마음이 가벼워졌다.

감사의 뜻으로 점심을 샀다. 그녀는 '회장님'으로 불리는 자신 남편의 인맥을 자랑했다. 타 업종에서 영업하는 사람이 자신의 도움으로 크게 성장하게 된 예를 들어주었다. 그러면서 앉은 자리에서 식품과 화장품을 주문했다. 고객이 되어 준 것도 고마운데 지인을 소개하겠다고 했다.

다음날, 그녀는 약속대로 지인을 만나 당당하고 적극적으로 영업력을 발휘했다. 사업주인 내 눈에 그녀가 보배로 느껴졌다. 경험으로 미루어 볼 때 인맥이다 해도 소개의 속성상 한두 번이면 끝이 난다. 만약 그녀를 내 사업에 몸담게 한다면 큰 성과를 얻을 수 있을 것 같았다. 그녀에게 신뢰를 얻고 싶어 갖추어진 내 사무실로 안내했다.

원룸을 사다

그녀와 동행하면서 누수로 인한 사무실 이전 계획을 설명했다. 그녀는 괜찮은 건물이 있으니 구경이나 가자고 했다. 그녀가 이끈 곳은 시내 중심에 대지 100평에 세워진 신축 원룸이었다. 자동으로 현관문이 열리고 닫히며 엘리베이터가 있는 반짝반짝 빛이 나는 건물이었다.

주인 세대의 넓은 공간에 실내장식이 카페처럼 고급스러웠다. 좁고 습한 낡은 집에서 생활하는 내겐 궁전 같았다. 감탄하는 내 감정을 놓칠세라 그녀는 원룸을 소유했을 때 얻어지는 혜택을 설명했다.

"건물주들이 선호하는 역세권에 교통의 중심지라 공실 회전이 빨라서 소득 보장이 확실하다." 라고 강조했다. 그녀는 지인을 만나 식품을 소개할 때처럼 적극적이었다. 건물값이 천문학적 숫자라 귓등으로 들었다. 그녀는 내 속내를 알아차린 듯 매매가를 낮춰주겠다고 했다.

돌아오면서 여우가 말하던 신포도 나무라고 생각했다. 그러면서도 한편으로는 며칠 전 남편이 했던 말과 겹친 우연이 신기하기도 했다. 저녁 식탁에서 흘러가는 말로 낮에 있었던 일을 남편에게 이야기했다. 남편은 한치 망설임 없이 "그 건물 우리가 사자." 라고 했다. 남편이 시내에 건물을 사 주겠다고 말했던 딱 일주일 후의 일이다.

남편은 건물을 갖게 되면 친구들 앞에서 당당할 거라고, 동기 모임에 참석하지 않는 까닭도 초라한 집 때문이라 했다. 이곳 산골에 새로 집을 지으려면 십 년은 늙어 버릴 것 같고, 정착하고 싶지도 않다고 했다. 평소 돌다리도 두드려 보는 사람이다. 더구나 빚이라면 사색이 되는 사람이 어처구니없는 일로 내 마음을 흔들었다. 밤이 깊도록 흥분이 가시지 않는 남편을 보며 내 인생에 목표였던 남편 어깨를 펴게 할 기회인가 싶었다. 잠들지 못하고 되짚어 보았으나 우리 현실로서는 말 그대로 목표일 뿐이었다.

다음 날, 남편 말에 힘을 얻은 그녀가 매입을 밀어붙였다. 그녀와 나는 서로를 알지 못한다. 이웃이지만 대화에 물꼬 튼 것은 불과 사십팔 시간이 지났을 뿐이다. 그녀가 우리 집 속 사정을 알 리 없듯이 그녀의 속내도 나는 알지 못했다. 지난해에 두 아들 혼사를 치른 후라, 통장에 일억이 전부라고 말하고 싶지 않았다. 더구나 우리 집이 팔린다는 보장도 없는데 건물 매입은 어불성설이라 마음만 뒤숭숭해졌다.

야간 근무에 들어간 남편에게서 전화가 왔다. 아무리 고민을 해봐도 그 건물 매입은 무리라며 없던 일로 하자고 했다. 남편이 마음을 비우니 내 마음도 가벼워졌다.

날이 밝자 홀가분한 마음으로 그녀 집으로 달려갔다. 어서 빨리 마음의 짐을 매듭짓고 싶었다. 그녀는 잔디마당에서 남편인 회장님과 마을 부동산업자와 함께 차를 마시고 있었다. 원룸 매입은 하지 않기로 했다며 송구하다며 인사를 하다 반백의 인품이 묻어나는 회장의 눈과 마주쳤다. 범접할 수 없는 카리스마로 다가왔다. 회장은 부동산업자에게 우리 집을 팔아보라며 "만약 팔리지 않으면 우리 집을 함께 사자"라고 흘러가는 말로 했다. 아마도 내가 마음을 돌려주기를 바라는 말인 듯했다.

빠져 나오려고 하는 수 없이 일억이 우리가 가진 전부라며 이유를 늘어놓았으나 회장은 오히려 이런저런 해결책을 제시해 주었다. 이웃인 부부가 얼마의 소개비로 권유하는 마음치고는 과분한 고마움이었지만 거절할 수 없는 어떤 힘에 압도되었다. 집으로 돌아와서 나는 원룸 매입이 유리하도록 남편에게 설명을 했다.

남편 동공이 흔들리며 "알아서 하라."고 했다. 남편이 자신의 속마음을 들키고 싶지 않을 때면 하는 말이었다. 그 말에는 언제나 간절함이 배어 있었다. 남편 마음을 읽으면서 우리 집 진입로 확장이 재테크할 기회라는 생각이 들자 마음이 산란했다.

무엇보다도 내 사업에 도움이 될 그녀의 마음을 얻고 싶었다. 침체되어 가라앉은 사업 분위기를 끌어 올리고 싶었다. 매매가에서 얼마를 내려 줄 것인지 건물 주인을 만나보자며 그녀가 이끄는 대로 무거운 발걸음을 따라나섰다.

팔고자 하는 건물주 부부와 소개하는 회장 부부, 사 대 일이다. 호형호제하며 의기투합한 그들에게 등 떠밀려 건물을 사는 것이 옳은지, 그른지, 판단력을 잃은 나 혼자였다. 그들이 선심 쓴다며 내려준 건물값은 오백만 원이었다.

자신들의 홈인 건물에서 네 사람의 수세에 밀린 나를 건져줄 유일한 구원 투수는 남편이었다. 희망을 안고 남편과 상의하겠다며 핸드폰을 들었다. 제발 남편이 집 지으려 했을 때처럼 이번 판도 뒤집어 주기를 기대했다. 겨우 오백 밖에 값을 내리지 못했으니 어떻게 하면 좋겠느냐는 내 말에, 남편은 금속성 너머에서 건물을 갖고 싶다는 듯 "알아서 하라." 는데 그 목소리가 애잔했다.

전화를 끊으며 문득 우화가 생각났다. 어느 더운 여름날, 나그네가 식곤증으로 가던 길을 멈추고 지열을 피해서 바람이 잘 통하는 나뭇가지에 몸을 뉘었다. 살짝 잠이 드는 순간 꿈을 꾸었다. 호랑이에게 쫓기는 꿈이었다. 때마침 호랑이도 어슬렁어슬렁 걷다가 더위를 피해 나무 그늘에 넙죽 엎드려 잠을 청했다. 깜박 잠이 든 호랑이도 꿈꾸었다. 포수에게 쫓기는 꿈이었다. 나그네가 꿈에서 놀라 나무에서 떨어진 곳이 호랑이 등이었다. 호랑이도 포수에게 쫓기던 꿈결에 갑자기 등을 덮친 것에 놀라 뛰기 시작했다. 나그네는 호랑이 등에서 떨어지지 않으려고 안간힘을 다해 호랑이 목에 매달렸다. 그러면 그럴수록 호랑이도 살고 싶어 사력을 다해 뛰었다. 들판에서 농사를 짓던 농부가 아픈 허리를 펴고 땀을 닦으며 보니 웬 사내가 호랑이 등에서 바람을 가르며 즐기는 것이 아닌가. 그 사내가 무척이나 부러운 농부가 말했다. "어떤 놈은 팔자가 좋아 호랑이 등이나 타고 놀러 다니는데 이놈의 내 팔자가 야속하구나!" 하고 신세 한탄을 했다는 이야기를 들은 적이 있다.

건물주는 계약금도 안 가지고 무슨 계약을 하러 왔느냐며 나를 당황하게 했다. 그들은 계좌번호를 내게로 밀어 넣었다. 팔고자 하는 여덟 개의 눈이 시퍼랬다.

자의든 타의든 내 일억이 밀려 들어온 계좌 속으로 떠났다. '계약일로부터 2개월 후부터 잔금에 대한 이자 발생' 이라고 명시된 계약서에 나는 인감도장을 찍었다. 발을 뺄 수 없는 현실이 믿어지지 않았다. 다만 내가 호랑이 등에 탔다는 인식은 확실했다. 이제 매달려 달릴 수밖에 없었다. 회장 부부에게 한 뭉치의 수고비를 건넸다. 이제 원룸을 샀으니 지금의 전원주택을 파는 일만 남앉다.
 그날부터 내가 할 일은 당신들 덕분에 건물을 사게 되어 감사하고 행복하다는 연기 아닌 연기였다. 회장은 우리 주택을 팔겠다고 내놓는 것을 주변에 말하지 말라 했다. 살 만한 사람을 알아볼 때까지 조용히 기다리라고 했다. 나는 회장의 처분만 바라는 신세가 되었다. 내 사업에 도움을 주겠다며 적극적이던 그녀가 조용해졌다. 그 또한 처분만 바랄 뿐이었다.
 며칠이 지난 어느 날, 얼마 전에 마을로 이사 온 사람이 회장과 함께 우리 집으로 왔다. 그는 대충 집을 돌아보고 경치가 좋다며 대출을 알아보는 중이라 했다. 그 말을 믿고 이제나 저제나 기다렸는데 한 달이 다 가도 답이 오지 않았다.
 답답하던 날, 우연히 그와 마주쳤다. 그는 자신은 대출이 되지 않아 살 수 없다며 직장 동료에게 다리를 놓겠다는 말로 꽁무니를 뺐지만 그 말을 믿고 싶었다. 아니 믿어야 했다.
 사업은 뒷전이었다. 오전에 업무를 아우르고는 마을로 들어왔다. 다리를 놓겠다던 사람의 주변을 스토커처럼 맴돌았다. 혹시 깜빡 잊고 있었던 약속을 상기시켜 주고 싶었고, 진행 상태를 묻고 싶었다. 그는 내가 인사를 건네도 공것 먹은 사람이었다. 답답해서 그녀에게 함께 찾아갈 것을 요청하면 팔 사람이 보채면 집값이 내려간다며 회장 지침이라 일갈했다.
 애가 타는 나는 자구책이 필요했다. 무엇이든 확인하지 않으면 가슴이 터질 것만 같았다. 회장 부부, 다리 놓겠다던 부부, 중개업자를 횟집에서 대접했다. 얻은 답은 회장 권유를 거절하지 못한 핑계였다는 걸 알게 되었다. 설마 했었지만 뒤통수를 얻어맞으니 하늘이 노랬다. 나의 어리석음에 주체할 수 없는 자괴감으로 괴로웠다.

 마음이 조급해진 나는 호랑이 굴에서도 정신만 차리면 살 수 있다는 생각으로 순간을 판단했다. 집을 팔아 줄 사람 일 순위가 부동산업자였다. 술 좋아하는 그의 마음을 얻어야 한다는 얄팍한 심리가 작용했다. 접대하면서 점수를 따 보겠다고 온갖 건배사를 흥얼거리며 그와 술잔을 마주쳤다. 집만 팔 수 있다면 술이 내 오장육부를 잠식해도 좋았다. 술은 거짓이 없었다.

 영혼이 빠져나가 허깨비가 된 나를 그들이 차에서 내려 준 곳은 우리 집 앞 논두렁이었다. 몸을 가누지 못해 흙바닥에 벌러덩 누웠다. 내 어리석음을 묻고 싶어 밤하늘의 별을 찾았다. 바보스러운 내 모습이 민망했던지 별도 달도 숨어 버렸다. 점점 깊은 구렁 속으로 빠져들며 저만치 남편 발소리에 눈을 감았다. 술에 취하고 험난한 현실에 취해 사흘 밤낮을 눈을 뜨지 못했다.

 조용히 믿고 기다리라는 회장 부부, 도대체 그들은 어떤 사람이기에 우리를 위해 발 벗고 나섰는가. 믿고 싶었다. 아니 믿어야 했다. 하지만 명치 끝이 답답하게 막혀올 때면 또다시 회장댁으로 달려갔다. 답답한 속내를 꺼내 보이려 하면 믿고 기다리라는 똑같은 말을 반복했다. 날짜는 자꾸만 흘러가는데 아무런 변화도 없는 현실에 같은 말만 계속되니 내 속은 까맣게 타들어갔다. 그럴 때 내가 할 수 있는 일이라고는 오직 하느님께 구원을 베풀어 주십사 매달려 기도하는 것뿐이었다.

수많은 생각이 머리를 맴돌아 쉬이 잠들지 못했다. 간신히 괭이잠을 자는데 야간 근무 중인 남편에게서 전화가 왔다. 목소리는 마치 솜뭉치를 물고 있는 듯 답답했고, 가쁜 숨을 몰아쉬었다. "숨이 안 쉬어져 죽을 것만 같다. 사람이 왜 극단적인 선택을 하는지 알 것 같다." 했다.

사방이 어두운 좁은 경비실 안에서 닥쳐올 현실과 맞서며 얼마나 많은 시간을 애간장 태웠을까. 생각하니 남편이 불쌍했다. 나는 회장 부부를 믿고 하느님을 믿어 위안을 받았지만 남편은 오직 미흡한 나만 믿는 처지였다. 그 마음이 얼마나 무거웠을까. "숨이 나오지 않는다."라는 남편의 말이 메아리처럼 귀를 때렸다. 현실이 두려워 벌떡 몸을 일으켰다.

달력의 숫자를 세고 또 셌다. 잔금을 치를 날이 고작 십오 일 남았다. 나로서는 천문학적 숫자라 말조차 낯설어 상상도 할 수 없는 이자의 무게가 다가오고 있었다. 닥쳐올 현실이 두려웠다. 극심한 스트레스로 위장이 뒤틀려 소화는커녕 입안이 헐고 혀가 꼬여 말도 제대로 나오지 않았다. 입맛도 잃었다.

이제는 내가 나서야 했다. 헐값이라도 집을 팔아야 할 것 같았다. 건물주는 인정이 통하지 않아 계약서에 적힌 대로 이행할 사람이라는 걸 알고 있었다.

불안이 엄습했다. 엎디어 울며 하느님께 기도했다. 기도하던 중 문득, 이 모든 시련이 내 죄이고 내 탓만 같았다. 동짓달 그믐밤, 세상은 어둠에 묻혔고, 바람끝은 살을 에듯 차가웠다. 자정이 넘은 깊은 밤, 차를 몰고 삼십 분 거리의 성당으로 향했다. 문 닫힌 성당 입구에 엎드려 내가 지은 죄를 고백했다. 용서를 구하고 다시 한번 하느님께 간절히 기도드렸다.

날이 밝자, 현실에서 믿을 사람은 회장 부부뿐이라는 생각이 들었다. 무거운 마음을 안고 쭈뼛거리며 회장 댁을 찾았다. 날이 갈수록 회장 부부를 마주하는 일이 민망해졌다. 점잖은 어른이 내색은 하지 않지만 나로 인해 궁지에 몰린 듯한 모습이 안쓰럽게 느껴졌다.

얼마 전까지는 내 속이 답답할 때 회장 부부를 만나러 가면 세상 걱정 없는 얼굴로 그들 앞에서 나는 행운아라고, 우리 부부가 넘볼 수 없는 큰 선물을 받았다고 감사하며 행복하다고 말했다. 진심과 연기가 뒤섞인 말들이었다.

쭈뼛거리는 내 태도를 눈치챘는지 회장은 아직 날짜가 남았으니 마음 편히 기다리라고 하는 말과 함께 얼굴에 미소가 스쳤다. 전에 없던 편안한 눈빛에서 신뢰가 느껴져 내 안에서도 안도하는 마음이 차올랐다. 회장을 뵙고 온 후부터 하늘의 뜻을 기다려보자며 조급했던 마음을 다잡았다. 답답함에 허덕이던 내 안에 처음으로 호흡이 길어지는 여유가 찾아왔다.

회장 부부와 인연을 맺고 지나온 시간을 돌이켜보니, 그 모든 감정은 내가 감당하기 어려운 절박함에서 비롯된 것이었다. 서로를 충분히 알지 못하는 상태에서 큰일을 하려던 조바심이었다. 오랜만에 사람을 믿고 싶은 내 긍정적인 마음을 다시 찾았다. 그 마음이 살아나자 날아갈 듯 가볍고 환해진 마음이 느껴졌다.

달력에 체크 해 둔 잔금일이 딱 오 일 남은 날이었다. 마을 부동산에서 연락이 왔다. 우리가 받고자 하는 금액에서 조금만 내려주면 바로 계약하겠다는 소식이었다. 그 말을 전하자 남편 얼굴에 드리웠던 먹구름이 걷혔다. 그들의 요구대로 매매하자며 마음을 열었다.

단숨에 달려가 도장을 찍었다. 그제야 알았다. 우리 집 매수자를 미리 점찍어 두고, 조용히 뒤에서 작업해 왔던 사람이 바로 회장님이었다는 걸. 그 모든 순간을 감사했다. 우리 집 굴뚝에 기쁨 같은 하얀 연기가 모락모락 피워 올랐다.

회장님이 금융권을 오가며 부단히 애써 준 덕에 우리는 무사히 잔금을 치를 수 있었다. 지금 우리 부부는 축복처럼 얻게 된 원룸 건물에서 감사와 행복의 세레나데를 부르고 있다.

돌이켜보면, 인덕을 갖추고 어려운 사람을 위해 발 벗고 나서준 진실한 이들을 만난 나는 참으로 행운아였다. 처음 그 건물을 소개받던 날, 그녀가 했던 말처럼 운이 좋다. 불황임에도 공실이 없어 순환이 원활하다. 한 지붕 아래 열 가구 사람들의 평안한 일상이 이어진다. 그 덕에 대출금도 눈에 띄게 줄어들고 있다.

회장 부부와는 호형호제하며 지낸다. 때때로 소주잔 기울이며 지난날의 이야기를 안주 삼는다.

"박 사장은 상대를 믿어주는 큰 무기를 지니고 있다. 언제나 밝게 믿고 기다려준 덕분에 일이 잘 풀릴 수 있었다."

공을 내게 돌려주는 회장님의 넉넉한 덕담에 살짝 눈꼬리를 내린다. 사실은 그때 회장님을 잘 알지 못해서 노심초사하며 사경을 헤매던 날들이 많았다는 걸, 그 사실은 마음속 깊이 꼭꼭 묻어두기로 했다.

비빌 언덕 없어 마음고생이 많았던 남편에게도 유일한 즐거움이 있다. 한 달에 한 번씩 줄어드는 대출금 숫자에 맞춰 우리 집 비밀번호를 바꾸는 일이다.

오늘은 남편이 기다리는 바로 그날이다. 그 마음을 알기에 돌아가는 언니들 배웅보다 먼저 마음은 은행으로 달려간다. 행복하고 당당하게 웃는 남편의 얼굴이 자꾸만 겹친다. 그래, 지금 나는 그 농부가 부러워했던 바로 그 호랑이 등에 탄 사람이다.

태풍이 지나간 자리

　태풍이 쓸고 지나갔다. 모진 바람을 몸으로 받아낸 나무들은 가지가 꺾이고 부러져 깊은 상처를 입었다. 나도 한때 저 처참한 나무들처럼 외로운 신세였던 때가 있었다.
　육아를 마치고 경제활동을 위해 출판사의 문을 두드렸다. 연고가 없는 타지에서 오직 의지 하나로 맞섰다. 나름 내가 세운 목표들을 이루며 업무 능력을 인정받았고, 마침내 지점장 자리까지 오를 수 있었다. 나를 우뚝 서게 해 준 회사에 감사하며 노후 설계로 행복했었다.
　내가 입사했을 때, 나보다 서너 살 위의 선배들이 이미 능력을 인정받고 있었다. 그들과 뭉쳐 전국을 제패하는 대형지점으로 성장시켜서 모시던 상사가 본사 임원으로 승진할 수 있도록 힘을 보됐다. 나 역시 한 지역을 책임지는 지점장으로서 이십 년이 넘도록 쉼 없이 달려왔다.

그러던 어느 날, 변화의 기운이 감지되는 회사 분위기를 읽고 깜짝 놀랐다. 뒤돌아보니 내 청춘은 이미 저만치 지나가 있었고, 어느새 나는 막다른 길목 끝에 서 있었다.

공부방 사업은 교사사업이다. 처음 시작부터 운 좋게 진솔하고 실력 있는 교사들을 만났다. 그들과 한 마음 한 뜻으로 노력한 결과 공부방 사업 우수지점으로 자리매김했다. 모범이 되는 사례들로 위상도 크게 높아져 있었다. 책임자인 나로서는 내 세상인 듯한 날들이 이어졌다.

그 무렵 광역시 전 지역을 통솔하던 국장님이 정년을 맞이했다. 함께하던 동료 지점장들도 하나둘 정년을 앞두고 있었다. 내 정년까지는 아직 다섯 해가 남아 있었다. 우리 지점은 여전히 우수지점으로 당당하게 이름을 올리고 있었으니, 내가 국장으로의 승진하는 것은 당연한 수순이었다. 회사가 그리는 그림을 알기 전까지는.

회사는 초등 전 과목 학습지에서 중등 교과서까지 사업을 확장하는 추세였다. 북 세일즈로 시작한 아줌마 군단 지점장 체제는 종지부를 찍고, 전문지식을 겸비한 교사 출신 지점장들을 앞세워 학습지 전국 춘추시대를 꿈꾸고 있었다.

그 변화 속에서 나보다 젊고 능력을 갖춘 후배가 국장 후보로 거론되자, 나는 걸림돌이 되었다. 본사 사장님은 우리 지점만 독립적으로 운영하라는 배려의 제안을 했으나 그것은 어불성설이었다.

우리 지점에는 초창기부터 손발 맞춰온, 책임자 업무를 능숙히 이어갈 주임 교사가 셋이나 있었다. 내가 이끌던 한 개 지점을 세 지점으로 분업화한다면 크게 성장할 수 있었다. 그 가능성은 무한했고, 나는 그 길을 누구보다도 잘 알고 있었다.

내 인생에 큰 혜택을 준 고마운 회사였다. 내 의지와 상관없이, 이미 기능을 잃었다. 이성적으로는 뒷모습이 아름답게 떠나야 한다는 걸 알고 있었다. 그런데 자꾸만 뒤를 돌아보았다. 청춘을 다 했기에 노후까지 설계하며 충분한 미래를 이루리라 믿고 있었다.

오랜 세월, 내 업무는 사람을 이끌어 조직을 키워가는 일이었다. 그 자리를 떠나고 나면 내가 할 수 있는 일이 없어 두려웠다. 단 한 번도 회사를 벗어난다는 생각을 해 본 적이 없었다. 아이들은 한창 공부 중인데 내가 흔들리면 어쩌나 애가 탔다. 극심한 스트레스로 뜬눈으로 밤을 새우기 일쑤였고, 작은 일에도 신경이 곤두서 헛구역질이 났다. 사물이 일그러져 보이거나 헛것처럼 보이는 착시 현상까지 일어났다.

이럴 때 남편이 바람막이가 되어 주었으면 하는 마음이 간절했으나 남편의 회사도 이미 문을 닫고 정리 중이었다. 폭풍우 속에 홀로 서 떨고 있는 내게 남편은 자신이 새로운 직장을 구할 때까지만 버텨달라고 간곡히 부탁했다.

내가 스스로 사표를 쓰기 전에는 회사에서 해고할 명분은 없었다. 오랜 세월 우호적으로 인간관계를 쌓아왔기에 회사도 쉽사리 결정은 내리지 못하고 난감해했다. 당장 내가 회사가 가는 방향에 흔쾌히 협조해야 했다. 미래의 학습지 시장을 내다보는 사람으로서 물러나야 마땅했지만 막막한 현실 앞에서 털고 일어설 용기가 없었다.

결정을 내리지 못한 채 허둥대던 어느 날, 본사 상사로부터 호출을 받았다. 회사 통례상 고속 터미널 근처 커피숍으로의 호출이면 사실상 단두대에 오르라는 신호였다. 스물두 해를 한결같이 내게 엄치척을 해 보이며 늘 힘이 되어준 고마운 분이었다. 믿고 의지했던 그 상사는 단 하나의 무기를 사용했다. 말없이 커피잔을 응시하다가 긴 한숨을 내쉬고, 한 마디 말없이 서울로 돌아갔다.

그 순간, 원망은커녕 현실에 갇혀 용기를 내지 못하던 내가 막혔던 숨통이 트이는 듯 해방감이 찾아왔다. 돌아서는 상사의 뒷모습을 향해 구십도 깊은 절을 올렸다. 이미 썩어버린 동아줄을 생명줄로 잡고 매달려 발버둥치던 초라한 나를 바로 서게 해 준 고마움이었다.

지난밤 상처받아 아픈 나무에게 말해 주고 싶다. 치유는 생각보다 그리 긴 시간이 필요하지 않다는 것, 아픔을 추스르고 조금만 여유를 가지면 곧 새봄은 찾아온다는 것을.

느닷없이 들이닥친 태풍을 온몸으로 겪어낸 나는 이제 더 단단해진 모습으로 만신창이가 되어 아파하는 나무에게 조심스럽게 손 키스를 보냈다.

멈춤에서 다시

특별히 갈 곳도 없고, 바쁠 것도 없다. 세상이 정지한 듯 고요하다. 무심히 창밖을 응시하다가 소파에 눕는다. 리모컨을 집어 텔레비전 채널을 이리저리 돌린다. 정적을 깨우려고 볼륨을 높여 보지만 무기력한 뇌는 각성이 되지 않는다.

얼마 전만 해도 이 얼마나 원했던 여유로운 아침 풍경인가. 아니, 평생을 간절히 바랐던 삶이다. 매일 아침, 의무감으로 관리해야 할 사람들도 없다. 먹고 사는 것에 걱정하지 않아도 되고, 등껍질처럼 단단했던 짐을 지고 은행 문턱을 찾지 않아도 된다. 하루를 오롯이 나를 위해 쓸 수 있는 자유인이 되었다. 평생 학수고대한 오늘인데 이만하면 성공한 삶이 아닐까?

그런데 적응을 못하고 있다. 버겁던 무게를 내려놓고 가벼워진 나를 보며 사람들은 "편하고 행복해 보여요."라고 말한다. 그러면 "네! 행복합니다."라며 천연덕스럽게 맞장구친다. 하지만 입과는 달리 가슴 저 밑에서 밀려오는 헛헛함에 어느새 눈시울이 붉어진다. 애써 나를 달래보지만 멈춘 듯 적적한 이 고요가 낯설다.

돌아보니 평생을 돈 버는 일에 길들여 살아왔다. 일찍부터 일을 통해 결핍을 해결했다. 열심히 일한 만큼 한 해가 달랐고, 십 년 후는 더 달랐다. 아무래도 오랜 세월 일을 통해 얻었던 충족감으로 체화된 후유증을 지금 앓고 있는 것은 아닐까 싶다.

초등학교 시절, 신체적으로 성숙했던 나는 두 살 터울의 언니와 짝을 이뤄 엄마를 따라다니며 일했다. 딸기밭에서 딸기를 따고, 사방공사장에서 나무도 심었다. 일을 제법 잘 했는지 거절 없이 나를 챙겨주었기에, 엄마에게 보탬이 되도록 따라다녔다.

6학년 겨울 방학이 되면서 첫 아르바이트를 시작했다. 마시고 난 박카스 병을 물에 담가 수세미로 문질러 상표를 떼는 세척 작업이었다. 장화 속으로 물이 들어가 발가락 끝이 아려와도 꿋꿋하게 버텨냈다. 노란 수당 봉투를 받아오던 날, 엄마는 눈물을 훔쳤지만 나는 행복했다.

결혼 후, 두 아이를 돌보며 쉬는 날 없었다. 집에서 하는 부업은 푼돈에 지나지 않았지만 일하는 동안은 위로가 되었다. 막내를 초등학교에 입학시키고 웬만해서는 해낼 수 없다는 영업 세계에 뛰어들었다. 강산이 두 번 바뀔 동안 앞만 보고 달렸다. 살면서 어느 순간 결핍이 느껴질 때면 일에 더 매진했다. 그러다 보면 어려움은 조금씩 해소되었고, 자존감도 따라 올랐다.

그에 힘입어 퇴직 후에 건강기능식품 사업을 이십여 년 운영하며 원룸 임대업을 겸했다. 얼마 전, 가볍게 살아야 한다는 판단으로 사업을 접고 원룸도 매각했다. 동분서주하며 쫓기던 일상에서 벗어나 살기에 편한 아파트로 이사했다.

은퇴란 삶의 전반을 내려놓는 일이다. 더구나 평생을 사람들과 교감하며 일해온 나다. 그런 내가 사람들과 멀어지고 집 안에 갇히니 무기력에 자존감이 무너진다. 나를 찾는 사람 없고, 찾아 나설 사람도 없는 듯 혼자 있는 내가 허전하다.

커피를 마시며 마음을 추스르다 창밖을 본다. 여름 한가운데 있는 바깥세상은 열기로 후끈 달아 있다. 어떤 이는 더위에 맞서고, 어떤 이는 더위에 지쳐 앓이를 하고 있을 것이다. 환경에 적응하며 살아가는 것이 사람이다. 지금 내가 머문 실내는 적정 온도로 쾌적하다.

하지만 살다 보면 없으면 못 살 것 같던 인간관계도 놓아야 할 때가 있고, 평생 매달렸던 일도 놓아야 할 때가 있다. 허전하여 아쉬움 앓이를 하고 나면 다시 현실에 적응해 살아가는 것이 사람이다. 곧 멈춤의 자리에서 다시 시작하는 법을 익혀갈 것이다.

터전

　이것이 옳은가, 저것이 옳은가. 정리되지 않은 마음을 종이비행기에 태우고, 자정이 넘도록 헤매고 있다. 남편이 꿈꾸는 전원주택과 내가 원하는 아파트 사이에서 마음이 바쁘다. 아직 결정되지 않은 일인데 왜 마음이 그리 분주하냐는 남편의 눈길이 어깨너머로 느껴진다. 남편은 칠순을, 나 역시 곧 그 나이를 맞게 된 우리 부부가 노후 계획을 두고 고민 중이다.

　칠 년 전, 분수에 맞지 않는 큰집을 설계해 우여곡절 끝에 입주했다. 힘들게 얻은 집이다 보니, 건물주라는 뿌듯함만 있지 않았다. 수면 위에 백조처럼 보이지 않는 곳에서 힘겹게 발길질을 하며 살아야 했다. 힘에 부칠 때마다 남편은 매매를 생각했지만 코로나 시국으로 이어지는 침체된 분위기 속에서도 그나마 공실이 없다는 사실에 안도했다.

그러나 어디 전쟁의 파편이 우리 집이라고 예외일 수 있겠는가? 세입자들과 고통을 분담하겠노라며 착한 임대사업자 흉내를 낸 것도 잠시, 월세를 내지 못하는 세입자가 늘어갔다. 머리를 긁적이며 전전긍긍하는 그들에게 고개를 끄덕여 줄 수도 없어 난감한데 남편은 인정에 끌려다닌다며 나를 나무랐다.

우리 집은 역세권에 자리한 곳이다. 곧 동해남부선 전철 개통을 앞두고 있다. 남편은 기회라며 매매를 서둘렀다. 안타깝게도 우리 지역이 부동산 투기 과열 지구로 묶였다. 이슈를 노리고 간혹 걸려오던 부동산 중개업자들의 문의 전화마저 끊겨버렸다.

어느 날, 입주 무렵부터 재테크를 운운하며 우리를 설득하던 부동산 소장에게서 전화가 왔다. 정부의 부동산 정책에 따라 LH에서 주택 매입이 진행 중이라며, 조건이 맞으니 지원해 보라고 권유했다. 값을 톡톡히 받을 거라며 자신감에 차 있었다. 막상 일이 적극적으로 진행되자 변화가 두려웠던 남편은 한발 물러섰다.

이 집을 선택했을 때, 우리 부부는 이곳이 마지막 터전이라 여겼다. 황혼에 살던 곳을 벗어나 새롭게 둥지를 트는 일은 결코 쉬운 결정이 아니었기 때문이다.

세월이 더 흐른 지금, 남편과 내가 바라보는 삶의 방향이 선명하게 갈린다. 이번이야말로 정말 마지막 터전이라 생각하니, 신중함도 깊어졌다. 어제는 남편이 소망하는 전원주택을 찾아 유튜

브에서 물을 건너고 산을 넘었다. 오늘은 내게 최적화된 아파트를 찾아 헤맸다.

　남편은 이 기회에 일을 내려놓자고 했다. 우리에게 남은 시간은 공기 맑은 곳에서 텃밭을 가꾸며, 건강 위주의 삶을 살자는 것이었다. 허리병이 있고, 손가락 마디가 아프다고 엄살 부리는 나에게는 책이나 읽고, 글이나 쓰라며 다독인다. 본인이 마당쇠로 평생을 모시겠다며 내 마음을 다잡으려 애쓰지만 나는 자신이 없다.

　예전에 전원에 살아본 경험으로는 여자 손이 닿지 않는 곳은 없다는 걸 알기 때문이다. 남편은 고심 끝에 아파트에 살면서 근처에 텃밭을 일구겠다고 꼬리를 내렸다. 그러면서도 얼굴에는 여전히 황토방을 짓지 못한 아쉬움이 묻어났다.

　남편은 아파트에 적응할 정서가 아니다. 지금 상황으로 보아 금연도 쉽지 않을 듯하다. 소일거리 없이 갇힌 공간에서 TV 리모컨과 씨름만 하다 보면, 병이 쉽게 찾아올지도 모른다. 남편의 성향은 부지런히 움직이며 활동해야 비로소 생기를 찾는 사람이다. 내가 먼저 세상을 떠나면 이 남자 홀로 외로이 공간에 갇혀버릴 것이다. 아들들은 서울에서 각자의 삶에 바쁘니 기대기도 어렵다.

　반면, 나는 일뿐 아니라 사회활동도 더 하고 싶다. 신앙생활, 취미 활동도 하고, 헬스클럽에서 근력도 키워야 한다. 친구도 만나고, 여행도 다니고 싶다. 그런데 교통 접근성이 좋지 않으면 제약을 받는다. 혹여라도 남편이 먼저 세상을 떠나면, 전원에 홀로 남은 외로움을 어찌 견딜 수 있을까? 나와 같이 늙어가는 주택 관리를 감당이나 할 수 있을까?

남편은 당뇨가 있는 내 건강상태를 늘 걱정한다. 식탁에 마주 앉으면 자주 하는 말이 있다.

"만약 당신이 아프면 내 목숨이 붙어 있는 한 요양병원에 보내는 일은 없다. 그건 내가 약속한다."

젊은 날 열심히 살아준 아내를 위해 영원한 보호자가 되겠다는 다짐은 참으로 고마운 마음이다. 그 마음에 부응하려면 남편이 바라는 전원에서 살아야겠지만 내 현실은 여전히 활동적이니 도시 생활이 맞다.

이런저런 생각을 하다 보니, 마음 저 너머에 희미하게 실루엣 하나가 보인다. 세월에 농익은 우리 부부의 노년의 모습이다. 할아버지 손엔 연장이 들려 있고, 깊게 패인 주름진 얼굴에 잔잔한 미소가 번져 있다. 벚꽃이 흐드러지게 핀 나무 아래, 분홍빛 두건을 곱게 쓴 할머니는 푸성귀를 다듬으며 눈길은 연실 할아버지를 쫓고 있다. 다행한 일이다. 할아버지가 그토록 염려하던 요양병원에 가지 않고, 서로를 보살필 만큼 건강해 보이니 말이다.

상상의 눈을 뜨는 순간 가슴이 먹먹해진다. 지금처럼 의견이 맞지 않아 투덕거릴 수 있는 날이 우리에게 얼마나 남았을까? 십 년? 십오 년? 길면 이십 년쯤? 그동안 깊이 들여다보지 않았던 현실이 어느새 눈앞에 닥쳐있다. 그럴진대, 전원주택이면 어떻고 아파트면 어떠리. 몸을 실어 사는 터전이 어디든 그리 대수겠는가.

늘 나를 향해 해바라기처럼 살아온 남편과 달리 나는 바쁘다는 핑계로 백 년을 살 것처럼 타성에 젖어 건성으로 지낸 날이 많았다. 남편이 바라던 참사랑을 나누어야 할 시간이 우리 부부에게 그리 오래 남지 않았다는 사실을 이제야 깨닫는다.

남편의 마음자리 한 켠에 이제는 내 사랑의 터전을 마련해야겠다는 다짐이 선다. 유수처럼 흘러가는 시간 속에서 후회 없는 노년의 날들을 위해.

비상구

　사방이 막힌 듯 답답하다. 분명 문은 열려 있는데 나는 갇혀 있다. 빠져나갈 출구가 보이지 않는다.
　신혼 초, 충청도 사람들의 유한 말씨에 익숙했던 나는 경상도의 억센 사투리에 좀처럼 적응하지 못했다. 낯설고 거친 말투에 자꾸만 뒷걸음질쳤다. 남편은 그런 나를 우물가에 어린아이 보듯 불안하게 지켜보았다.
　늦가을 해질녘이었다. 부엌 문을 열어둔 채 마당을 쓸고 돌아서니, 부뚜막에 쥐 한 마리가 들어와 있었다. 깜짝 놀라 들고 있던 빗자루를 휘두르자 쥐는 문지방을 타고 넘어 방으로 숨어들었다. 겁에 질려 비명을 질렀다. 마침 퇴근하던 남편이 그 소리를 들었다. 쥐에 놀라 벌벌 떠는 나를 본 남편은 어이없다는 듯 바라보더니 당장 쥐를 잡으라고 윽박질렀다. 처음 보는 남편의 화난 얼굴에 더 당황했다. 쥐를 잡을 수는 없었지만 그 앞에서 어떻게든 해내야 할 것 같았다.

남편이 지켜보는 가운데 손전등을 들고 방안에 틈새 틈새를 비추기 시작했다. 장롱 밑을 비추는 순간, 숨어 있던 쥐의 까만 눈과 마주쳤다. 공포에 질린 쥐보다 내가 먼저 놀라서 울음을 터트리고 말았다. 지금 내 심정이 그때와 다를 바 없다.

사업을 시작한 후, 내가 체감한 십 년 시간은 참 더디게 흘렀다. 고단한 십자가였지만 무겁다고 말한 적은 없다. 언젠가 반드시 이룰 그날을 떠올리며 매 순간을 다잡아가며 조직을 일구었다.

회사가 지향하는 '전문가 양성 시스템'에 따라 실장에게 살림을 맡겼다. 각자의 자리에서 기량을 발휘할 수 있도록 강사를 채용해 배치했다. 나는 조직의 전면에서 한걸음 물러나 대표방으로 자리를 옮겼다.

오랜 세월 이어오던 아침 교육 프로그램을 내려놓고 나니 후련했다. 세세한 업무에서 벗어나자 마음이 가벼워졌다. 대표답게 전반적인 운영만 살펴보며 실장과 강사에게 업무를 세분화하니 일의 효율성도 훨씬 높아졌다.

비로소 나만의 시간을 가질 수 있게 되어 행복했다. 접어두었던 버킷리스트의 우선순위에 따라 기타도 배우고, 쓰고 싶던 수필 공부도 시작했다. 바쁘게 살아온 날들에 대한 보상이라 여기며 앞으로는 꽃길만 걸을 줄 알았다.

연초에 본사 새 대표가 부임하며 회사 정책이 바뀌었다. 회사를 믿고 따르며 심혈을 기울여 일군 내 조직에 찬물을 끼얹는 변화라 당황스러웠다. 다행히 창립 초기부터 함께한, 토양 깊게 뿌리내린 간부들이 있었기에 크게 낙담하지는 않았다.

까마귀 날자 배 떨어진다는 말처럼 회사 내부의 문제뿐 아니라 예상하지 못한 변수들이 꼬리를 물고 이어졌다. 전 세계를 휩쓴 바이러스로 인한 경기 침체도 영향을 미쳤다. 영업 현장이 위축되자 꽃잎이 지듯 조직 인원도 점점 줄어들었다. 사업 전반에 위축감이 드리워졌다.

어느 순간, 외부 환경의 변화뿐 아니라 내부 조직의 위기도 피부로 느껴졌다. 책임자로서 뒷걸음치며 발만 구르던 나에게도 본격적인 역할이 요구되었다. 현장 여건이 어려울수록 형식적인 교육이 아니라 눈을 마주하고 마음을 나누는 소통이었다. 지친 어깨를 다독이고 마음을 격려해주는 따뜻한 위로가 절실했다. 사원들이 다시 힘을 낼 수 있는 자양분은 결국 사람 간의 진심에서 나온다는 걸 새삼 깨달았다.

눈에 띄게 위축된 상황이었지만 명분 없이 본래의 자리로 돌아가는 것은 온당치 않았다. 자칫하면 실무자들의 영향력 부족을 드러내는 꼴이 되고, 그들의 노력에 생채기를 낼 수도 있었기 때문이다. 한편, 체통머리 없는 대표의 변덕도 볼썽사나워 결국에는 신뢰 관계로 이어질 것이다.

하지만 이대로 장롱 밑에 갇혀 겁에 질린 채 생쥐 눈빛으로 머물러 있어서는 안 된다. 힘을 잃어 가는 조직에 대한 내 관심은 더 이상 미룰 수 없는 시급한 과제였다. 하루빨리 대표방을 벗어나 눈빛 주고받던 본래의 내 자리로 돌아가야 한다. 예전처럼 구성원들과 소통하고 공감을 나누며, 흩어진 맥을 추스르고 다시 새 기운을 불어넣어야 한다. 고심을 거듭하며 밤잠을 설쳤다.

그 순간, '아, 그랬었지. 분명히 그랬었다.'는 생각에 자리에서 벌떡 일어나 한 손을 머리 위로 올리고, 엄지와 중지를 힘껏 튕겼다. 마찰음이 경쾌했다. 갇힌 방에서 탈출할 수 있는 비상구가 있었다.

사무실로 이사 오던 날, 건물주가 했던 말이 불쑥 떠올랐다.

"대표님, 자리 잘 잡으셨어요. 이쪽으로는 수맥이 많이 흘러서, 이 방에 사장실을 두었던 분들이 하나같이 망해서 나갔거든요."

건물주는, 지금 내가 벗어나려는 이 방문 앞에서 다시 돌아가려는 본래의 내 자리를 향해 "잘한 선택입니다." 하고 큰소리로 외쳤었다. 그 말은 꿈을 안고 이사 들어오는 세입자에게 건물주가 할 말은 아니었다. 그날 함께 있던 모두가 얼굴을 찌푸렸었다.

그날 들었던 건물주의 그 생생한 목소리가 지금 이 순간, 비상구의 벨 소리처럼 요란하게 들려왔다.

동행

 코로나로 내 사업이 벽에 부딪혔다. 사람들의 온기로 채워져야 할 넓은 사무실에 정적만 흘렀다. 건강기능식품 방문판매 사업은 앞이 보이질 않았다.
 언제 끝날지 모를 싸움이었다. 살림의 규모를 줄여야 했다. 다달이 지출되는 항목들을 들여다보았다. 사무실 임대료와 고정비 등 손을 댈 수 없는 항목이 많았다. 인건비도 생각하지 않을 수 없었다.
 이참에 사업을 접는 생각도 해보았다. 투입된 자금으로 은행 부채만 정리할 수만 있다면 벗어나고 싶었다. 하지만 아직은 아니었다. 스트레스 받지 말고 사업을 접으라는 남편에게 사원들의 일자리를 운운하며 막아섰지만 의지대로 어찌할 수 없는 내 현실이 애달팠다.

  사무실은 시내 중심의 넓은 평수에 있었다. 아쉽지만 이전을 고민하며 주변 곳곳을 둘러보았다. 작은 평수라 해도 임대료나 인테리어 비용이 만만치 않았다.

  오전에 몇몇 사원들이 나가고 나면, 오고 가는 사람이 없어 사무실에는 실장과 나의 침묵만 흘렀다. 급한 대로 실장에게 근무 시간 단축을 제안했다. 실장은 하던 대로 하고 싶다며 고개를 떨구었다. 전념을 다해 일하는 직원에게 사업주로서 해서는 안 될 말이었지만 내 상황을 이해해 주지 않는 실장이 섭섭했다.

  현실을 이겨내려는 갈등을 거듭했다. 시내 중심을 벗어나 임대료와 인건비를 줄여야겠다는 판단이 섰다. 코로나가 해제될 때까지는 마음을 비우기로 결론지었다.

  남아 있는 사원들 대부분이 초창기에 입사해 동구 지역에 거주하고 있었다. 동구는 다행히 점포세가 저렴했다. 사원들에게 출근 동선을 줄여준다는 설명을 내세워 적절한 사무실을 찾아 계약했다. 실장이 대중교통을 이용해 출퇴근하기에는 왕복 두 시간이 걸려서 쉽지 않을 터였다. 그러면 조금은 가벼운 마음으로 인건비를 해결할 수 있으리란 기대가 있었다.

  하지만 내 속을 모르는 사원들이 사무실 이전을 환영하면서도 실장이 동구까지 출근하지 않게 될까 봐 염려했다. 그도 그럴 것이 십여 년 동안 불편함 없이 묵묵히 자리를 지키며 모든 실무를 처리해주던 사람이었다. 나 역시 모든 걸 맡기고 의지했다. 실장이 없는 사무실은 상상하기 어려웠지만 그조차 뛰어넘어야 했다. 오로지 지출을 줄여야 한다는 암담한 현실 앞에 사원들이 염려하는 말을 못 들은 척 흘려야 했다.

이사할 날짜가 정해졌다. 실장에게 특별히 말하지 않았지만 실장은 인수인계를 준비하고 있었고, 나도 조심스레 업무를 익혀 나갔다. 같은 책상에 마주 앉아 일을 주고받다 보니, 실장 손끝에 틀어진 관절이 눈에 들어왔다. 언제였던가. 무거운 제품을 출납하느라 애쓰는 실장이 걱정돼 관절에 좋다는 건강식품을 안겨 줬었다. 하지만 내 코가 석 자라 돌아볼 여유가 없었는데 헤어지는 지금에서야 실장의 손끝이 눈에 들어왔다.

새로 이사할 사업장에는 엘리베이터가 있었다. 그동안은 2층 사무실까지 무거운 계단으로 직접 올리고 내렸다. 사업의 특성상 월초에는 물량이 몰려 택배기사에게만 맡길 수 없었다. 몸 사리지 않고 앞장서 준 실장이 늘 안쓰러워 내가 자주하던 말이다.

"실장님, 우리 다음에는 꼭 엘리베이터 있는 사무실로 이사합시다."

실장의 틀어진 손끝이 마음을 아프게 했다. 일밖에 모르는 사람이다. 재정 문제로 근무 시간을 단축하자고 했을 때 선뜻 수락하지 못하는 형편도 내가 알고 있다. 답답한 마음에 남편 앞에서 넋두리를 늘어놓자 내 속을 모르는 남편이 말했다.

"무슨 떼돈을 번다고 그렇게 열심히 일하는 사람을 내친단 말인가! 함께 늙어가는데 섭섭하게 보내지 말지."

남편의 말에 내 의지는 꺾이고 말았다. 다음날, 실장에게 "함께 갑시다."라고 말했을 때 실장도 나도 눈시울을 붉혔으나 마음은 깃털처럼 가벼웠다.

넓지 않아 아늑한 새 사무실이 주는 안정감이 좋다. 실장이 곁에 있어 든든하다. 먼길을 오가면서도 밝은 얼굴로 업무에 임한다. 말하지 않아도 알아서 척척 해결하는 업무 능력에 신뢰가 더하다.

코로나 초창기, 적응되지 않은 상황 속에서 당장 내 삶이 멈춰 설 것 같은 막막함에 휩싸였었다. 올가미에 꽁꽁 묶인 듯 꼼짝하지 않던 정서도 일상도 시간이 흐르면서 조금씩 무디어졌다. 영업 활동에도 큰 제약은 없다. 영업의 꽃인 신입사원이 들어와 새바람을 일으켜 준다. 업무량이 늘어나도 걱정은 없다. 일이 없어 의기소침했던 실장이 이제는 사업주인 나보다 더 경쾌한 스텝을 밟고 있다.

구두 소리

    창밖에 단풍이 나를 부르는 듯해 조바심이 일었다. 사고 후, 한 달 만에 바깥으로 나왔다. 가을 햇살이 따사롭게 내리는 집 앞 벤치에 앉아 코끝에 스치는 선선한 바람을 맞았다. 나뭇가지에 매달린 단풍이, 구름이 이토록 아름다웠던가 감탄이 새어 나왔다. 내 나이 단풍을 닮아 하루하루가 소중한데 순간의 실수로 헛되이 흘려보낸 가을이 아쉽다. 참고 지냈던 진한 커피가 간절해져 멀지 않은 카페를 향해 나섰다.
    무릎 인대 파열로 종아리에서 허벅지까지 통깁스에 저당 잡힌 걸음이다. 지팡이를 짚고 나섰지만 허우적대는 내 걸음에 측은한 눈빛이 느껴졌다. 유리창에 비친 내 모습을 바라보았다. 사고 전 건강하던 모습은 온데간데없고, 어정쩡 서 있는 지금은 영락없는 병중의 노인이다. 낙담하며 돌아서려는 찰나, 검은 모자를 쓴 한 남자의 모습이 유리창에 스쳤다. 순간, 얼마 전 들었던 그 남자의 유쾌한 목소리가 귀에 들리는 듯했다.

여름 끝자락인 어느 날 아침, 기온이 가을로 느껴지던 날이었다. 옷장에 깊숙이 잠자던 계절 옷을 꺼내 입었다. 젊은 시절부터 즐겨 입던 옷이라 기분 전환이 되었다. 평소 자주 신던 편한 구두는 제쳐두고, 패션에 어울리는 굽 높은 구두를 신었다.

땅거미 지는 시간, 성당으로 향하는 길은 늘 설레고 평화로웠다. 꽃무리 피어 있는 구름다리를 넘어 인적 드문 태화강을 따라 걷는 길은 힐링 코스다.

구름다리를 막 넘어 건널목 앞에 다다랐을 때, 건너편에서 한 남자가 걸어오는 것이 눈에 들어왔다. 검정 모자에 마스크를 쓰고 장갑까지 낀 그가 내 뒤를 성큼성큼 따라오고 있었다. 가끔 지나가는 자동차 불빛만 비추는 인적이 드문 곳이다.

문득 며칠 전에 세상을 놀라게 한 사건이 스쳤다. 일면식도 없는 여자를 뒤따라와 숨지게 했던 뉴스가 생각나 긴장되었다. 그와의 거리가 점점 좁혀지는 불안감에 내 발걸음이 빨라졌다. 한편으로는 "다 늙은 난데 뭐 어쩌랴." 하면서도 젊어 보이는 옷과 높은 구두를 신은 내 뒷모습이 신경이 쓰였다. 가까이서 느껴지는 그의 인기척에 내 발걸음은 더 빨라졌다. 내딛는 구두 소리가 또각또각 요란했다.

쫓기듯 걷다 생각하니 차라리 내가 뒤따라 걸으면 두렵지 않겠다 싶었다. 은근슬쩍 옆으로 비켜 그를 앞장세웠다. 뒤에서 본 그의 모습은 혈기 왕성한 젊은이가 아니었다. 운동복 차림으로 강변에 운동 나온 것 같아 마음이 놓였다.

신호등이 없는 건널목을 건너려는데 차가 오고 있었다. 조금 전, 내가 앞선 상황이었다면 냅다 뛰어 건널 수도 있었지만 위험을 감수할 이유가 없어 그가 멈춰 서기에 나도 멈춰 섰다.

웬일인지 자동차가 꼬리에 꼬리를 물었다. 괜한 사람을 치한으로 몰았던 마음을 들키기라도 한 듯 멈춰 선 순간이 길게만 느껴졌다. 어서 길이 열리기를 기다리는데 그가 불쑥 입을 열었다.

"경쾌한 구두 소리에 제 기분이 좋아져 힘이 납니다."

뜻밖의 말에 당황했지만 내 귀가 쫑긋하며 입꼬리가 올라갔다. 내 인생 활기 넘치던 사십 대 시절, 학습지 회사에 근무할 때 교사들에게 종종 들었던 말이다.

높은 구두를 신고 동분서주할 때면 "지점장님의 힘찬 구두 소리에 저희도 힘이 납니다." 하며 이구동성으로 말하던 교사들에게 바쁜 내 구두 소리는 자극이 되어 성과로 이어졌고, 건재함을 알리는 힘이 되었다. 세월 속에 묻혔던 그 말을 초로의 나이에 더구나 생면부지의 남자에게 듣게 되니 젊어진 듯 기분이 밝아졌다.

"구두 소리가 요란해서 죄송합니다. 제가 바빠서 빨리 걸었어요! 칭찬 감사합니다."

남자는 걸음걸이가 건강을 가늠하는 척도가 된다며 덕담을 덧붙였다.

강변 운동 길로 접어들면서 남자가 다시 한번 목소리를 높였다.

"힘찬 구두 소리 정말 기분 좋았습니다!"

등을 보이며 걸어가는 그의 뒤에서 얼굴이 붉어졌다. 긍정적인 사고가 나의 자산이다. 여자가 약자로 사는 세상이라지만 산전수전 겪으며 살 만큼 살아온 나다. 울고 웃는 세상사에 휩쓸려 삐뚤어진 잣대로 애먼 사람을 오인한 것이 부끄러웠다.

그날 소중한 깨우침을 줬던 남자의 말을 되새기다 보니, 나를 보는 사람들의 눈빛이 달리 느껴졌다. 절룩거리는 내 불편한 걸음에 보내는 응원 같았다. '하루빨리 재활하고 다리에 근육 올려 힘찬 구두 소리로 제2의 제3의 그들에게 기분 좋은 힘이 되어 주라.'는 격려로 느껴졌다. 빠른 재활을 위해 짚고 있는 지팡이에 힘을 실었다.

감사패

 감사패를 받아 들고 깜짝 놀랐다. 함께 근무했던 한 여사님이 보내온 것이다. 세간에 새로운 풍속도로 가족 간에도 감사패를 주고받는다는 말은 들었다. 남편이 아내에게, 자식이 부모님께 사랑과 희생의 감사함을 적어 드린다고 했다.

 그녀와 나의 인간적 관계를 따져봐도 감사패는 너무도 뜻밖이었다. 아마도 헤어지고 난 뒤 그리움의 마음을 전하고 싶었던 건 아닐까 싶었다. 감사패에는 자신에게 제2의 인생을 행복으로 이끌어주었다는 고마움과 헤어짐의 아쉬움이 그리고 앞날을 기원하는 마음이 담겨 있었다.

 아무리 생각해도 감사패를 받는 것은 과분하다. 함께 근무하면서 지쳐 있을 때 관심을 가지고 격려했을 뿐이다. 그녀의 성실한 근무 태도가 내 사업에 성과로 이어졌으니, 정작 감사패는 내가 주어야 마땅한데 송구한 마음이다.

시대 흐름에 따라 회사 영업이 오프라인에서 온라인으로 전환되었다. 그 과정에서 방문판매 사업체를 운영하던 나는 사업을 접어야 했다. 다른 구성원들은 담담히 세월의 변화를 수용했으나 그녀는 쉽게 받아들이지 못했다. 인생에 버팀목이던 직장을, 정든 사람들을 잃기 싫다고 했다.

전후 사정을 설명할 때는 곧장 마음을 추스르는가 싶다가도 또다시 감정선이 무너지기를 반복했다. 평소 그녀는 위기가 닥치면 나름의 전략으로 의연하게 극복해 나가는 의지 강한 여성이었다. 그 호기는 간데없이 얼굴에는 그늘이 깊어졌다.

무리는 아니었다. 삶을 지탱해 오던 정든 직장을 잃는다는 것이 쉬운 일이겠는가! 긴 세월 동안 그녀의 행동은 하루 같았다. 먼저 출근해 커피를 내렸고, 내 자리를 살펴주었다. 미팅 시간에 조직원들과 소통이 막혀 왈가왈부할 때면 책임자인 나의 지지자가 되어 주었다.

어느 날, 사석에서 왜 그렇게 나에게 잘해 주는지 물었다.

"나이 많은 나를 안아주었고, 작은 것 하나까지도 칭찬을 아끼지 않았잖아요."

그 힘에 제2의 인생을 행복하게 살고 있노라고 눈시울 붉혔다.

그녀와의 만남은 십여 년을 훌쩍 거슬러 오른다. 대리점을 열고 얼마 지나지 않았을 때였다. 지인의 손에 이끌려 쭈뼛쭈뼛 사무실 문턱을 넘던 그녀의 모습을 선명히 기억한다. 항암 치료 중에 빠진 머리를 감추느라 두건을 썼고, 칠순의 나이였다. 투병 중에 남편을 잃고 우울증을 앓는다고 했다. 지인은 '사람의 온기와 정이 치료제'라며 내 손을 끌어 그녀의 손을 잡게 했다. 나는 그 손을 뿌리칠 수 없었다. 뿌리치면 그녀가 깊은 수렁에 빠질 듯 애처로웠다.

잃어버린 자존감을 찾아 주는 것에 우선했다. 아픔을 겪으면서 닫아건 마음의 빗장을 열어야 했다. 틈틈이 마주 앉아 어려운 순간을 이겨낸 의지를 칭찬했고, 남은 인생은 어우러져 살아가자고 토닥였다. 그녀가 즐기는 노래에 박수를 보내주었고, 업무에 임하는 성실한 자세를 칭찬했다. 그녀에게 칭찬은 의욕을 되찾게 하는 특효약이었다.

빠르게 회복된 몸과 마음이 커피 속에 설탕처럼 조직 속으로 스며들었다. 젊은 사람들에게 누가 되지 않으려는 노력은 모범사원으로 거듭나 노익장을 과시하며 십 년을 거뜬히 근속했다. 팔순 잔치 때는 구성원들의 축하를 받으며 백 세까지 일하겠다는 다짐도 했다. 남은 인생에 즐거이 어깨동무해 줄 것을 약속했는데 세상 변화에 밀려 헤어지고 말았다.

퇴직 후 카톡이 쉬지 않고 날아왔다. "출근 시간인 줄 알고 일어났다가 주저앉았다.", "가방 들고 현관을 나섰다.", "그때가 그립다."라는 하소연이었다. 나는 폐업 정리에 바쁘다는 핑계로 반응을 아꼈다. 어차피 헤어져야 할 아쉬움이기에 눈에서 멀어지면 마음에서도 멀어지리라 여겼다.

그녀에게서 연일 오던 카톡이 점차 잦아들어 안정을 찾았으려니 했다. 수십 년의 아침 일상이 바뀐 나 역시 탈진 상태로 지냈다. 겨우 마음이 안정되니 그녀가 눈에 밟혔다. 그런 중에 그녀에게서 감사패를 받으니 부끄러울 뿐이다.

조금 더 배려 깊게 다독여서 사무실 떠날 때 눈물을 흘리지 않도록 했어야 했다. 외롭다고 하소연할 때 마음 달래주어야 했다. 황혼의 고립이 두려웠던 그녀에게 남아있는 날들 정 나누며 살아가자고 새끼손가락을 걸어야 했다.

인생의 깊은 연륜이 나이테로 새겨진 얼굴에 비치는 따뜻한 미소가 보고 싶다. 헤어진 후에도 잊지 않았음을 감사패로 알려준 정 깊은 여사께 엄지척을 해주고 싶다.

성형 중

"대표님! 오늘 유난히 젊고 예쁘십니다."

"정말? 그렇다면 가만있을 수 없지. 점심 내가 쏩니다!"

젊다, 이쁘다는 말에는 상당한 입치레가 포함되어 있다는 걸 안다. 알면서도 예쁘다는 말은 나를 춤추게 한다.

사춘기가 시작되면서 여드름이 나기 시작했다. 상급학교에 진학하기 위해 단발을 했다. 설레는 마음으로 미장원을 나서다가 한 무리의 남학생들과 마주쳤다. 그들은 길을 멈추더니 나를 힐끔거리며 대단한 발견이라도 한 듯 떠들어댔다.

"야, 울퉁불퉁 성게 달린 말대가리다!"

나는 불가마를 뒤집어쓴 듯 얼굴이 화끈거려 울고 말았다.

언니는 나를 방으로 불러 여드름을 짜주며 위로했다.

"우리 자매들은 피부 때문에 예쁘다는 말을 듣긴 틀렸으니, 너도 마음 비우고 스트레칭 열심히 해서 몸매 관리나 하렴."

언니는 가방 속에서 책을 꺼내주었다. 스트레칭 방법과 얼굴 미용에 관한 내용이었다.

나는 하루도 빠짐없이 책에서 하라는 대로 스트레칭을 했다. 얼굴 때문에 받은 상처를 보상하듯이 몸의 유연성에 집중했다. 몸은 키 말고는 반복해서 수정이 안 되는 것이 없다는 것을 알아갔지만 위안은 되지 않았다. 점점 퍼져가는 여드름 자국은 얼굴뿐만 아니라 마음에도 큰 상처를 남겼다.

세월이 흘러 한 남자의 아내가 되었다. 봄 햇살이 창문으로 내려앉던 날, 행복한 마음으로 남편의 무릎을 베개 삼았다. 지긋이 내려다보는 남편의 눈빛을 사랑의 눈빛이라 여겼다. 그런데 남편이 말을 불쑥 내뱉았다.

"당신 얼굴은 아스팔트 같다."

나는 기가 막혔다. 결혼하고 출산하면 보통은 여드름이 멈춘다는데 아스팔트가 아니라 분화구처럼 퍼져 있으니 아무런 반박도 할 수 없었다.

젊은 날부터 사람들과 대면하며 영업을 하던 나는 애로가 많았다. 얼굴이 예쁘고 피부가 투명했다면 영업이 한결 수월할 것 같았지만 그건 마음뿐이었다.

어느 표정 연구가는 사람의 첫인상에 신경을 쓸 수밖에 없다고 주장했다. 그 연구가는 사람을 읽는데 걸리는 시간이 단 3초라고 했다. 짧은 순간에 좋은 인상을 주려면 표정이 83프로, 목소리가 10프로, 나머지 7프로가 인격이라는 것이다. 세월이 지나면서 인격이 83 프로라는 말도 했지만, 내 직업상 첫인상이 중요했다.

언니가 건네준 오래된 책을 펴들고 웃는 얼굴, 좋은 표정을 지으려 애썼지만 피부는 개선의 여지가 보이지 않아 책을 덮고 지냈다. 다행히 중년에 접어들어 건강식품과 화장품 사업을 하면서 식품으로 몸의 불균형을 조절하고, 화장품 덕으로 피부도 한결 나아졌다.

그러나 코로나로 세상이 멈춘 뒤, 몸과 마음에 생기를 잃었다. 거울에 비친 내 모습을 보았다. 팔자 주름은 물론이고, 볼살까지 늘어져 고랑을 이루고 있었다. 건강과 아름다움을 강조하는 사업의 리더로서 마음이 무거웠다. 그동안 화장품으로 변화되었다고 큰소리쳐 왔는데 이제 와 의료진의 도움을 받을 수도 없는 노릇이었다.

고민하던 중, 책에서 우연히 피부과 교수가 펴낸 인상 클리닉이라는 책을 접하게 되었다. 책에서는 우리 얼굴에 약 40개의 근육이 있으며, 이 근육들은 모두 감정과 밀접하게 연결이 되어 있다고 했다. 눈 위와 턱 아래의 근육은 주로 부정적인 표정을, 볼 근육은 긍정적인 표정을 만들 때 쓰인다고 한다. 특히 볼 근육을 단련하면 최대 2cm나 볼살이 올라붙을 수 있다고 강조했다. 우리가 흔히 눈가 주름만 걱정하지만 사실은 볼살 처짐이 나이를 훨씬 더 들어 보이게 한다는 것도 알게 되었다.

근육을 이용한 얼굴 성형법은 두 가지로 소개되어 있었다. 첫째는 어린 시절 자주 하던 호랑이 흉내 '어~흥'이다. 하루 오 분씩 세 번을 반복하면 효과가 있다고 했다. 둘째는 어금니를 맞닿지 않게 하고 '은' 소리를 내는 것이다. 이 두 가지 방법으로 입꼬리를 반복해 올리는 훈련을 하면 십 년은 젊어 보이는 성형미인으로 살아갈 수 있다고 했다.

궁여지책으로 마스크 속에서 쉬지 않고 '어~흥'을 외치다 보니, 드디어 인상 클리닉의 효과가 나타난 걸까. 젊어지고 예뻐졌다는 말을 들으니 그동안의 노력을 인정받은 것 같아 기분이 좋다. 내가 봐도 변화가 있다. 무엇보다도 내 마음이 밝아졌음을 느낀다.

우리 뇌는 단순해서 입꼬리만 살짝 올리고 있어도 웃고 있다고 착각해 행복 호르몬인 엔도르핀을 분비한다고 한다. 즐거워서 노래를 부르는 게 아니라, 노래를 부르다 보면 즐거워지는 이치와 같은 것이다.

이참에 얼굴 근육뿐 아니라 마음의 근육도 키워서 살아가며 마주치는 어려운 순간들을 이겨낼 힘을 길러야겠다. 좀 더 시간을 투자하고, 간간이 거울에게 물어보자.

"거울아, 거울아! 이 세상에서 누가 제일 예쁘니?"

"성형 중인 당신이지요."

생각만 해도 엔도르핀이 솟는다.

밥그릇

 오십 대 여성이 개에게 물리는 사고가 있었다. 목덜미를 물린 여성은 병원으로 이송되었지만 안타깝게도 과다 출혈로 목숨을 잃었다. 여성은 먹다 남은 음식물을 개에게 주려고 개 밥그릇에 손을 대다가 변을 당한 것이다. 개는 여성에게 먹이를 빼앗기는 줄 알고 본능적으로 위해를 가했다. 내가 키웠던 개도 그랬었다.
 수년 전, 마을에서 떨어진 울도 담도 없는 전원주택으로 이사를 했다. 이웃이라고는 절 하나뿐이었다. 남편이 야근하는 날이면 연세 많으신 시누이를 모셔 와 무서움을 떨쳐내곤 했다.
 불편한 소식을 전해 들은 시숙이 어느 날 강아지를 안고 왔다. 엄마 젖을 갓 뗀 진돗개였다. 우리 부부는 개를 키워본 경험이 없어 머뭇거렸더니, 도움이 될 거라며 강아지를 안겨주고는 바삐 돌아갔다.

　녀석의 눈을 보니 순해 보였다. 엄마 품을 떠나와 불안했던지 머리를 내 품안으로 파고들었다. 포동포동한 감촉이 햇살처럼 포근한 강아지에게 금세 빠져들었다. 남편은 누런 털옷을 입은 녀석을 황구라고 불렀다.

　 황구는 먹보였다. 먹는 만큼 훤칠하게 키가 자라 수컷의 근육질이 돋보이는 중견이 되었다. 녀석은 활발하고 민첩했다. 어느 주말 저녁, 녀석을 데리고 운동을 나섰다. 벤치에 앉아 잠시 쉬려는데 내 손바닥에 뜨거운 불이 번쩍했다. 잡고 있던 목줄을 떨치고 맞은편 산으로 비호처럼 내달렸다. 길고양이를 사냥감으로 보고 공격성을 드러낸 것이다. 그때부터라도 진돗개의 특성을 공부했어야 했다.

　녀석은 우리 집 주변을 지나는 길손에게는 조금의 여지도 주지 않고 까칠했으나 자기를 찾는 이웃 어른들에게는 친절했다. 특히 다리가 성치 않은 박 씨 아주머니와 유난한 정을 나누었다. 아주머니는 돌봐왔던 손주들을 제 부모에게 보낸 뒤라 허전했던지 때때로 황구를 챙겼다.

　봄이 되었다. 절에는 이웃들의 왕래가 잦았다. 어느 날, 마당에서 풀을 뽑다가 두런두런 나누는 이야기에 끌려 절 마당으로 갔다. 공양주와 박 씨 아주머니가 정담을 나누고 있었다. 그때 내 등 뒤를 보던 아주머니 얼굴에 반가운 화색이 돌았다. 뒤돌아보니 황구가 목줄이 풀린 채 서 있었다. 절을 찾는 손님들을 생각하니 간이 철렁 내려앉았다. 먹이통에 사료를 담아 갖다 놓으며, 아주머니에게 녀석을 부탁하고는 목줄을 가지러 부랴부랴 자리를 떴다.

남편이 보관해 둔 예비용 목줄이 보이지 않았다. 마음이 조급해져 허둥대고 있는데 절에서 들려오는 공포에 찬 비명이 심상치 않았다. 직감적으로 좋지 않은 일이 벌어졌다는 생각에 온몸이 후들거렸다. 황급히 달려간 절 마당에는 아주머니가 피범벅이 된 채 쓰러져 있었다. 그 곁에서 이빨을 드러낸 녀석이 날뛰고 있었다.

아주머니 옷은 찢어졌고, 피가 낭자했다. 할퀸 상처로 얼굴도 만신창이였다. 짧은 순간에 그 많은 곳을 어떻게 공격했는지 도무지 이해 불가였다. 절 식구들 도움을 받아 녀석을 가둬두고 아주머니를 병원으로 이송했다.

정신을 차린 아주머니가 들려준 이야기에 기가 막혔다. 목줄을 찾고 있을 나를 대신해 우리 집으로 녀석을 유인하기 위해 먹고 있는 먹이통을 집어 들었다. 그때까지는 물끄러미 바라볼 뿐 별문제가 없었다. 제 밥그릇을 보면 따라오겠거니 하고 뒷짐을 지고 앞서려는 순간 공격해 왔단다. 자기 밥그릇을 빼앗긴다고 느낀 순간, 녀석 안에 숨어있는 야성이 터져버린 것이다.

여성을 물어 죽음에 이르게 한 개나 아낌없이 정을 준 아주머니를 공격한 황구만이 그럴 것인가! 본성대로 행동하는 개에게 인간의 잣대를 들이대는 것은 옳지 않다. 황구는 단지 밥그릇을 지키려는 본성에 충실했을 뿐이다. 그렇지만 아주머니는 자칫 생명을 잃을 뻔했다. 사람 사는 세상에도 별반 다르지 않다. 오죽하면 '밥그릇 싸움'이라는 말이 생겨났을까. 인간은 본성을 다스릴 이성을 가졌기에 황구 같은 행동은 하지 않을 뿐이다.

다음 날부터 황구를 둘러싼 소문으로 마을이 소란했다. 녀석이 무서워서 절에 사람이 들지 않는다고 했다. 한 번 피맛을 본 개는 살려두면 안 된다는 어른들의 불안한 눈빛을 모르는 체할 수 없었다.

개장수를 불렀다. 녀석은 생이별을 감지했는지 떠나가던 날, 오랫동안 쭈그리고 앉아 물도 입에 대지 않았다. 녀석을 알아가는 노력에 소홀했던 안타까움과 민망함으로 차마 황구의 눈망울을 볼 수 없었다. 박 씨 아주머니가 불편한 몸으로 나와 붕대에 싸인 손을 흔들어 황구가 떠나는 길을 배웅했다.

제3부

살구색 언더웨어

부부와 거리가 좁혀졌을 때, 남편은 자신이 착각했다는 걸 알아차리고 머쓱한 표정으로 웃었다. 그렇지만 남편이 본 것이 무리는 아니라는 생각이 들었다. 여자는 살구색 민소매 위에 원피스를 입고 있었다. 가까이에서 보지 않으면 누구라도 상의를 입지 않은 것으로 착각할 만했다. 우리 부부의 눈을 의식하지 않고 밝게 웃는 여자를 보며, 한동안 마음고생했던 내 모습이 떠올라 웃음이 났다.

- 살구색 언더웨어
- 고양이 밥주는 남자
- 사랑하니까
- 그 여자가 사는 법
- 65세 어르신
- 대문
- 애장품을 보내며
- 사랑의 힘
- 영양제 한 알
- 그 소년

살구색 언더웨어

암자를 오르는 길이었다.

"에이, 누굴 유혹하려는 것인지 경건한 산사에서 나 원 참!"

남편은 민망한 듯 고개를 돌렸다. 젊은 부부처럼 보이는 커플이 걸어오고 있었다. 여자는 어깨가 깊게 파인 아슬아슬한 원피스만 입은 것처럼 보였다. 하지만 설마 싶었다.

부부와 거리가 좁혀졌을 때, 남편은 자신이 착각했다는 걸 알아차리고 머쓱한 표정으로 웃었다. 그렇지만 남편이 본 것이 무리는 아니라는 생각이 들었다. 여자는 살구색 민소매 위에 원피스를 입고 있었다. 가까이에서 보지 않으면 누구라도 상의를 입지 않은 것으로 착각할 만했다. 우리 부부의 눈을 의식하지 않고 밝게 웃는 여자를 보며, 한동안 마음고생했던 내 모습이 떠올라 웃음이 났다.

지난여름, 늦은 퇴근길이었다. 장을 봐야 한다는 걸 깜빡 잊고 있다가 집 근처에 이르러서야 문득 생각이 났다. 준비되지 않은 저녁 식탁을 떠올리며 불편한 마음으로 집 모퉁이를 도는데 화환들이 즐비하게 늘어서 손짓하고 있었다. 간판을 보니 마트였다. 우리 집 주변에는 편의점은 있지만 생활에 필요한 생필품을 사려면 차를 타고 마트나 재래시장에 가야 해서 늘 불편했다. 순간, 보물창고를 발견한 것처럼 기뻤다.

마트는 부부가 운영하고 있었다. 생활에 필요한 물건들을 어느 정도 해결할 수 있어서 반가웠다. 바쁘게 살아가는 내 일상에 편리함을 제공해 주는 것이 고마워 풀방구리에 쥐 드나들 듯 마트를 찾으며 부부와 친분을 쌓아갔다.

그날도 쌀과 생수, 이것저것 장바구니가 가득했다. 우리 집엔 엘리베이터가 있지만, 혼자서 4층까지 올리기가 버거워 배달을 부탁했다.

집에 도착해 더위를 참지 못하고 겉옷을 벗고 살구색 민소매 위에 앞뒤가 깊게 파이고 어깨끈이 달린 홈웨어 원피스를 입었다. 인터폰이 울리면 출입문을 열어주고, 배달원이 올라오는 사이에 덧입을 겉옷을 미리 준비해 두었다.

인터폰이 울렸다. 수확기를 들고 공동 출입문을 열어주려는데 사람이 보이지 않았다. 수시로 드나드는 원룸 세입자들 출입에 묻혀 들어왔나보다 생각하며 현관문 쪽에 신경이 쓰였다. 무거운 짐을 든 사람을 기다리게 했다는 생각에 바삐 문을 열었다. 짐을 어깨에 둘러멘 마트 사장이 서 있었다. 그는 나를 보는 순간 멈칫하며 당황한 기색이 역력했다. 그제야 내가 겉옷을 입지 않았다는 사실을 깨닫고는 놀라 안으로 몸을 숨겼다. 옷을 걸쳐 입고 다시 나오니, 사장은 물품을 현관 입구에 밀어넣은 채 인사도 없이 가버린 뒤였다.

가슴을 다 드러낸 보기 민망한 옷차림으로 자신을 맞이했다고 생각하니 얼굴이 화끈거렸다. 쥐구멍이라도 있으면 숨고 싶은 심정이었다. 언젠가 마트 사장이 나를 점잖다고 칭찬했다는 말을 부인에게서 전해 들었던 기억이 났다. 말과 행동이 다른 나를 속물로 보았을지도 모른다는 생각에 더 난감해졌다. 다시는 마트에 갈 용기가 나지 않았다.

하지만 그곳은 내 생활을 편리하게 바꿔준 고마운 공간이다. 그동안 부인과도 이런저런 정을 쌓았다. 만약 내가 마트를 찾지 않는다면, 사장은 그날 본 대로 오해를 굳혀 버릴지도 모른다. 살면서 괜한 오해로 사람과 거리를 두는 건 인생의 에너지를 허비하는 것이다. 아무 일 없었다는 듯 마트를 찾아야 했다.

그러다 기회가 오면 해명하는 것이 옳겠다는 생각이 들었다. 내가 정숙하지 못한 차림으로 순간적인 불편함을 주었지만 그것은 단순한 실수였음을 말하고 싶었다. 고민 끝에 용기를 내어 마트를 찾았다.

　태연한 척 했지만 내 태도가 부자연스러웠던지 부인은 건강상태를 걱정하며 내 안부를 물었다. 바쁘다는 말로 얼버무리고 필요한 것만 서둘러 고른 뒤 쫓기듯 마트를 나오곤 했다. 그럴 때마다 사장이 내 뒷모습을 불건전하게 보지는 않을까 싶어 몸을 감출 수 있는 긴 상의를 챙겨 입고 다녔다.

　시간이 지나도 마트만 보면 마음 한편이 편치 않았다. 하루빨리 기회를 잡아 그날의 찝찝한 마음을 털어내고 싶었다. 전처럼 이웃으로 돌아가 밝게 대화하고 싶었다.

　한편으로 그날 사장은 그저 가볍게 흘려보냈을 수도 있다는 생각도 들었다. 제 발 저린 도둑처럼 나 혼자 빗장을 걸고 마음속에서 앓이를 하고 있는 건지도 몰랐다. 그런 생각을 하며 한 번에 살 수 있는 물건들을 일부러 나눠 사며 기회를 엿보았다.

　드디어 며칠 전, 마트에 갔더니 사장이 혼자였다. 내 머릿속에 섬광처럼 기회의 빛이 반짝였다. '지금이야, 어서 용기 내!' 가슴이 쿵쿵 뛰었다. 급한 마음으로 생수를 주문하고, 진열대에 놓인 커다란 수박을 주문하며 배달 요청을 했다. 부인이 출타 중이라 배달이 어렵다고 했다. 이때다 싶어 말꼬리를 물었다.

　"사장님! 배달 말이 나와서 말인데요. 혹시 저의 집에 배달 오셨을 때 제 옷차림 기억나세요? 제가 살구색 민소매만 입고 있다가 아차 싶어 급히 피했거든요. 사장님이 오해하실까 봐 그날 이후로 사장님 얼굴도 제대로 못 보고 지냈는데 오늘 큰맘 먹고 용기 내서 말씀드리는 거예요."

"그래요? 그런 일이 있었어요?"

사장은 웃으며 말했다.

"언제부터인가 아주머니가 눈길을 피하시길래 이상하다 싶었는데, 그런 일이 있었군요. 전혀 기억도 안 나요, 여름에 배달하다 보면 그런 일 예삿일이거든요. 하하하."

나 혼자 지레짐작으로 점잖다는 한마디 칭찬에 사로 잡혀 도둑 제 발 저리듯 작은 실수에 앓이를 했다는 걸 알게 되었다.

재미있다는 듯 웃고 있는 사장 모르게 눈을 흘겨보며 서둘러 수박값을 치렀다. 손에 든 커다란 수박이 고무풍선처럼 가볍게 느껴졌다.

고양이 밥 주는 남자

전부터 집 주변에는 서너 마리의 고양이가 있었다. 우리 원룸을 가운데 두고 이쪽저쪽 집 담장을 넘나들었다. 화단이며 배수로에 쏟아낸 배설물 처리가 여간 귀찮은 일이 아니었다. 차를 세워놓기만 하면 십중팔구 본네트 위에 올라앉아 차를 더럽히기 일쑤였다. 특히 녀석들이 주차장을 오갈 때면 불필요한 센서등이 작동하면서 신경이 곤두서곤 했다.

그런 녀석들을 보면 발을 굴러 겁을 주거나, 주먹질을 휘두르며 쫓아내곤 했다. 어쩌다 오고 가는 녀석들을 유심히 살펴보면, 길고양이답지 않게 살이 오르고 털이 반지르르해 의아했다.

두세 달 전부터 우리 집 수돗가 근처에 고양이들의 먹이통과 물통이 놓여 있었다. 가끔 주변을 돌던 캣맘 봉사자가 돌보는 중이라 여겨 불편했지만 손대지 않았다.

　한 달 전, 점잖은 말씨의 남자가 임대 문의를 해왔다. 우리 원룸이 자신이 찾던 조건에 맞아 입주하고 싶다며 예약까지 걸었다. 마침 재계약을 하지 않겠다는 방이 있어 약속대로 그에게 전화를 걸었다.

　곧장 달려온 그는 기준보다 방값을 올려 불렀는데도 흔쾌히 계약했다. 알고 보니 그는 옆 원룸에서 삼 년째 살고 있던 사람이었다. 통풍이 잘 되지 않아 이사를 결심했다며 멀리 가지 않게 되어 다행이라고 흡족해했다.

　남자가 입주하던 날 저녁, 눈 앞에 펼쳐진 광경에 화들짝 놀랐다. 이게 대체 무슨 시추에이션? 내가 헛것을 본 것은 아닌지 다시 눈을 비벼 보았지만 분명한 현실이었다. 남자 앞에 고양이 세 마리가 앉아있었다. 마치 그들은 새로운 보금자리 입주 파티라도 여는 듯 가지런히 자리 잡고 먹이통을 앞에 두고 있었다. "먹을 것 빨리 내놓으라."며 보채는 녀석들을 보고서야 그동안에 주변 풍경과 남자의 전제가 하나씩 연결되었다.

　우두커니 바라보고 있으니 남자가 웃으며 말했다. "사모님, 제 친구들입니다. 녀석들을 돌보느라 제가 멀리 이사 가지 못했어요. 갈색 털을 가진 이 녀석 이름은 별이고요, 새끼 때부터 삼 년째 돌보고 있습니다. 이쁘죠?" 하며 여자친구를 소개하듯 환하게 웃으며 치아를 드러내 보였다.

왜 미처 말하지 않았느냐고 따져 묻고 싶었지만 따지고 보면 아무 조건 없이 입주를 허락한 내 불찰이 더 컸다. 첫날부터 쓴소리를 할 수도 없는 노릇이었다. 어정쩡한 태도로 복잡한 마음을 안은 채 그 자리를 조용히 떴다.

남자는 퇴근하자마자 먹이를 주었다. 그러고도 하루 저녁 서너 번씩 주차장에서 애틋한 만남이 이루어졌다. 그럴 때마다 텔레비전 옆에 설치된 CCTV 화면 속에서 주차장 센서 등이 요란하게 춤을 췄다. 그렇지 않아도 전기요금이 올라 신경이 쓰이던 터였다. 마음 같아서는 당장 달려가 그들의 데이트에 찬물을 끼얹고 싶은 심정이었다.

하지만 한편으로는 생각이 많아졌다. 환갑 나이에 홀로 사는 남자에게 반려묘는 위로였을 것이다. 집주인이라 해서 그의 소소하고 행복한 일상을 이래라저래라 할 수 없는 일이었다.

어제 퇴근길, 온종일 일에 지쳐 마음이 서글펐다. 아무리 열심히 살아도 여전히 고단하기만 한 현실 속에서 우울한 마음을 지우지 못한 채 주차장에 차를 세웠다.

웬일인지 녀석들이 축 늘어진 채 먹이통 앞에 모여있었다. 주차장에는 남자의 차가 보이지 않았다. 밥그릇엔 먹이도 없었고, 물그릇은 바짝 말라 있었다.

나만 보면 줄행랑을 치던 녀석들이다. 그동안 지나치다가 밥 주는 남자 앞에서 인사치레로 관심을 보여서인지, 아니면 먹이가 간절해서인지 내가 가까이 다가가도 피하지 않았다. 바라보는 녀석들의 퀭한 눈이 처량한 내 모습을 보는 듯해 울컥했다.

늘 남자가 밥을 주면 맛있게 먹던 녀석들이 밥 주는 남자를 기다리는 모습이 왠지 눈에 밟혔다. 녀석들도 살아있는 생명이고, 이웃인데 배고파하는 모습이 안쓰러웠다. 남자가 하던 대로 마트로 달려가 생선 캔을 사와 밥그릇을 채워주었다. 녀석들은 허겁지겁 옹알거리며 맛있게 먹었다. 그 모습을 한참 동안 말없이 지켜보았다. 나도 모를 변화였다.

햇볕이 좋아 화단 정리에 나섰다. 고양이들이 화단에 앉아 장난을 치고 있었다. 나를 보더니 반갑다는 듯 야옹거렸다. 호미를 들고 녀석들이 남겨놓은 배설물을 땅에 묻으며 말했다.

"별아! 너희들이 꽃밭에 거름 줘서 올여름에는 꽃이 더 예쁘게 피겠구나. 고맙다"

내 눈을 바라보며 야옹거리는 모습이 대답이라도 하는 듯했다. 모습이 사랑스러워 목덜미를 간질이자 살짝 몸을 맡겼다. 서너 달 전만 해도 쫓고 쫓기는 앙숙 같은 사이였다. 그런데 지금은 달라졌다. 작지만 진심 어린 나의 관심이 고양이들에게 전해졌고, 녀석들의 달라진 모습에 내 마음도 따뜻해졌다. 저절로 내 입꼬리가 올라갔다. 이제야 '고양이 밥 주는 남자'의 행복한 웃음을 알 것 같았다.

사랑하니까

 앞서가는 노부부 분위기가 심상치 않다. 영감님은 할머니가 금기한 술집에서 연행되어 집으로 가는 중인 듯하다. 중심을 못 잡고 비틀거리는 영감님이나 닦달하는 할머니나 팔순은 족히 되어 보인다. 노년에 여자 문제로 화를 내는 할머니 모습에서 친구 부모님이 겹쳐 보여 웃음이 난다.
 친구는 고향에 계신 부모님의 변화에 안절부절못했다. 그럴 때면 답답한 마음을 하소연하곤 했다. 친구 이야기를 들을 때마다 그 어머니 병증이 깊어지고 있다는 생각에 가슴만 탔다.
 학창 시절, 친구 집에 놀러 가면 팔 벌려 환영해 주시던 아버지셨다. 그때는 팔팔한 중년이던 분이 어느새 구순 되어 치매 중증을 앓고 계신다. 온화하고 음식 솜씨 좋았던 어머니도 여든다섯으로 경도 치매 증상이 진행 중이다. 그런 부모님과 멀리 떨어져 사는 친구는 요양보호사에게 의존하고 있다. 날이 갈수록 친구는 요양보호사 전화를 받는 일이 두렵다고 했다.

어머니의 폭력으로 아버지 얼굴에 멍자국이 늘어나고, 머리카락이 한 움큼씩 빠진다니 기가 찰 노릇이었다. 느닷없이 달려들어 아버지 귀를 물어 피가 낭자했다고 울먹이기도 했다. 두 분의 관계를 기억해보면, 친구의 말이 쉽게 믿어지지 않았다.

젊은 시절, 아내를 손찌검하고 여자 문제로 속을 끓이게 하던 분이 아내로부터 폭력을 당한다니, 믿기 어려운 일이었다. 어머니 가슴에 묻어두었던 아픈 기억으로 감정 조절이 되지 않아 돌발 행동으로 나타나는 것이겠거니 짐작할 뿐이었다.

친구는 휴가를 내어 부모님을 뵈러 갔다. 딸과의 대화 중에도, 어머니는 아버지를 향해 눈을 치켜뜨고 옆에 두었던 휴지통을 집어 던졌다. 어머니 행동에 아버지는 그저 "왜 그랴, 왜 그랴?" 라며 눈만 깜빡거렸다. 가만히 있는 아버지를 왜 괴롭히는지 밤이 깊도록 이유를 알아보려 했지만 어머니는 "저 인간 죽었으면 좋겠다! 미워 죽겠다." 라는 말만 되풀이했다.

다음 날, 요양보호사가 출근해 왔을 때 친구는 깜짝 놀랐다. 딸이 왔을 때는 미동도 없이 눈만 껌뻑거렸던 아버지가 요양사를 보자마자 벌떡 일어나 손을 끌어 난로 앞으로 앉혔다. 그녀가 주방으로 가면 주방으로, 마당으로 나가면 마당으로 따라다녔다. 요양사가 청소기를 돌리자 걸레를 들고 엎드려 바닥을 닦기까지 했다.

그제야 친구는 상황을 알아챘다. 당신과 있을 때는 정신줄 놓은 산송장 같은 아버지가, 젊은 여자 앞에서는 본능적으로 남자가 되는 모습을 본 어머니가 질투심에 사로잡혀 그토록 분노하고 있었던 것이었다.

요양보호사는 아버지를 괴롭히는 어머니의 행동이 자신 때문임을 알면서도 참고 견뎌온 이유가 며칠 후면 일 년을 채워 퇴직금을 받을 수 있기 때문이라고 털어놓았다. 여러 차례 아버지를 어르고 달래보기도 하고, 때때로 화도 내보았지만 돌아서면 본능대로 움직이는 환자 어른을 자신의 힘으로는 어찌할 수 없었다며 미안해 했다.

친구는 부모님을 따로 모셔 어머니와 시간을 가져보기로 했다. 어머니는 딸과 지내는 동안 드라이브도 하고, 성당에도 함께 다니며 차츰 밝고 편안한 옛 표정을 되찾아갔다.

달포가 지났을 무렵, 어머니 얼굴에 웃음기가 사라지나 싶더니 뜻밖에도 아버지 안부를 걱정하기 시작했다. 어머니 낯빛에 근심이 가득하던 날, 동생 집에 계신 아버지 이야기를 꺼내자 어머니는 당장 가겠다며 보따리를 싸기 시작했다.

아버지를 만난 어머니 눈에는 금세 눈물이 맺혔다. 승용차 뒷좌석에 나란히 앉은 아버지는 어머니 손을 연방 쓰다듬었다. 그간의 일은 모두 기억 속에서 지워진 듯, 두 분은 오래된 정과 사랑만 느끼는 다정한 부부 모습으로 돌아가 있었다.

　친구는 아버지의 식사 수발 정도는 아직 어머니가 해 낼 수 있을 거라며 남자 요양보호사를 새로 신청했다. 요양보호사가 보내온 동영상 속에는 어머니가 노래 부르고, 아버지는 손뼉을 치고 있었다. 친구는 손을 잡고 함께 운동하는 부모님을 보며, 비로소 한시름을 놓을 수 있었다.

　치매가 기억력을 앗아가도 인간 본연의 사랑까지는 가져가지 못하나 보다. 친구 어머니의 질투어린 폭력도 꺼지지 않는 사랑의 또 다른 표현이었을 것이다. 머지않아 내게도 닥칠지 모르는 시간이기에 정신이 맑을 때 더 많이 사랑하고 보듬어야겠다고 마음을 다잡는다.

　앞서가는 노부부도 사랑하기에 우격다짐하며 티격태격하는 것이리라. 아무리 그렇다 해도 백발이 성성한 영감님 생애에 술자리가 몇 번이나 남아 있을까. 할머니의 마음이 넉넉해져서 활기를 잃어가는 할아버지의 술집 나들이에 애면글면하지 않길 애틋한 마음으로 빌어본다.

그 여자가 사는 법

　세 쌍의 부부가 한 달에 한 번씩 만난다. 우리 부부와 남편 친구 부부 모임이다. 만나서 드라이브도 하고, 맛난 것도 먹고, 여행도 다닌다. 이름도 거룩하게 '아내를 위한 날'이라 부른다.
　이번 코스는 석양이 물드는 바다 둘레길을 걷고, 횟집에서 저녁을 먹는 일정이었다. 감칠맛 나는 안주에 술잔이 돌고 분위기도 좋았다. 기분이 한껏 좋아진 나는 웃으며 외쳤다. "우리 남편들, 최고 최고!"하며 엄지손가락을 치켜세웠다.
　옆에 앉았던 부인이 내 손을 끌어내리며 목소리를 낮췄다.
　"남자를 그렇게 치켜세우면 안 돼. 그러면 정말 자기들이 최고인 줄 안다니까."
　그리고는 덧붙였다.

"난 자기가 남편한테 하는 것 보면 속이 터져. 해 달라는 거 다 해주고, 큰소리 한 번 못 치고 사는 게 안쓰럽다니까. 그렇게 당당한 여자가 왜 그러고 살아? 그 남편도 그렇다! 지금이 어느 시대인데 일하는 마누라한테 이래라 저래라 하느냐 말이다. 간이 배 밖에 나와도 유분수지. 내가 지켜보니까 남편 버릇 잘못들인 건 다 본인 탓이다."

그녀의 말에 순간 머쓱했지만 틀린 말은 아니었다. 사실 그녀가 아니더라도 우리 부부를 아는 사람들에게 종종 들었던 이야기처럼 어쩌면 내 탓이고, 내 숙명이다. 내가 남편 앞에서 한없이 순종하는 데는 이유가 있다.

졸업 후 첫 직장을 갖게 되었다. 하고 싶던 취미생활을 시작하며 푸른 청춘의 문턱에서 나날이 설렜다. 그러던 어느 날, 같은 직장의 운전기사였던 그가 느닷없이 고백을 해 왔다. 동료로는 착하고 좋은 사람이었지만 내 이상형은 아니었다. 사표를 내고 한 계절을 서울 언니 집에 머물다 왔다. 그에게 빌린 녹음기를 돌려주기 위해 만났을 때, 그는 여전히 간절한 눈으로 나를 붙잡았다.

그가 안쓰럽다는 내 말에 엄마는 기다렸다는 듯 나를 설득했다. 그가 가진 조건으로는 딸의 인생길이 녹록지 않다는 걸 엄마는 더 잘 알면서도 내 등을 밀었다.

오빠가 중학교 때 아버지가 돌아가셨다. 열일곱에 가장이 된 이후 줄곧 어깨가 무거운 오빠의 짐을 하루빨리 덜어 주고 싶어 하는 엄마의 깊은 마음을 모르는 체할 수 없었다.

　엄마는 직업에 귀천이 없다 하면서도 남편에게 위험한 직업인 운전을 허락하지 않으셨다. 날갯죽지가 꺾인 그의 자존감 만큼이나 신혼 방엔 냉기가 감돌았다. 작아지는 남편의 모습을 지켜보며 내가 가진 모든 힘을 보태고 싶었다. 아이들에게 가난을 대물림하지 않겠다는 결심이었다.

　막내를 초등학교에 입학시키고 일을 하고 싶었지만 남편은 막아섰다. 엄마가 집에 없으면 안 된다는 아이들 걱정이었지만 속내는 자신의 부족함을 인정하고 싶지 않은 마음이었다.

　자신의 결정에 완고한 남편의 성향을 알기에 수 없이 미래의 청사진을 설계하여 설득했다. 집안 일이나 아이들에게 소홀하지 않고 남편이 가사 일을 염려하지 않는 범주 안에서 일을 하겠다는 조건을 내세워 어렵게 허락을 얻어냈다. 당장은 감당이 버거워 손해 같아도 가정을 위하는 길이었다. 언젠가는 반드시 내 삶의 디딤돌이 되리라 믿었다.

　투자할 여력도 없던 형편이었기에 내가 할 수 있는 건 발로 뛰는 북 세일즈였다. 학연도 지연도 없이 오직 몸으로 부딪쳤다. 성과를 내야 했고, 남편과의 약속도 지켜야 했기에 무엇하나 소홀할 수 없었다. 그러나 수입이 불안정해 미래가 없었다. 어느 순간부터 안정된 수입과 사대보험이 보장되는 최고직급인 지점장이 되는 것이 목표를 넘어 신념이 되었다.

일에 있어 나는 프로였다. 아니, 매 순간을 프로처럼 살았다. 프로인 내가 사랑하는 남편의 마음을 얻지 못해서 가는 길에 빨간불을 켤 수는 없었다. 남편과 불협화음 없이 목표에 매진하기 위해 납작 엎드려 '을'이 되었다. 백 여명이나 되는 조직에 단 두세 자리뿐인 지점장 승급 기회를 놓칠 수 없었기 때문이었다. 하루라도 자리를 비우면 비운 만큼 조직에서 도태되는 경쟁의 연속이었다.

그래서일까. 내가 한 단계 한 단계씩 승급을 하고 마침내 지점장이 되었을 때나, 남들이 집안을 일으켰다고 칭찬할 때는 더 신경이 쓰였다. 가능하면 남편 앞에서 말이나 행동을 조용히 낮추었다. 내 태도에 익숙해져 살아온 남편은 고분고분 순종하는 아내 모습을 보일 때 행복해 했다.

이제 내일모레면 내 나이 일흔이다. 오랜 세월 함께 해 온 우리 부부다. 그러구러 갈망했던 목표에 왔다. 먹고 사는 걱정 없고, 두 아들도 제 가정 이뤄 잘 살아가고 있다. "우리도 이제는 마음의 여유를 가지고 남은 삶은 너그러이 품어 안고 행복하게 살아요." 하며 새끼손가락을 내밀었더니 남편이 선뜻 자기 손을 걸어 약속도 했다.

사람에게 한 번 굳어진 습관은 쉬이 바뀌지 않는가 보다. 남편은 속마음과 다르게 여전히 내 말에는 반대부터 하고 본다. 다행히 손가락을 걸었던 약속을 지키려는 듯 담배 연기 한 모금 피워내며 곧 마음을 푼다. 한때는 철옹성같아 무너지지 않을 것 같았던 마음도, 이제는 조금씩 내려놓으며 아내를 위한 사랑의 면면도 보여준다.

그러는 사람이 친구들 앞에선 다시 목소리가 커지고, 나를 휘어잡으려 좌지우지한다. 그러면 나 역시 오래된 습관으로 그의 뜻에 맞춰 군말 없이 따르고 있다.

'아내를 위한 날'의 이벤트를 제안한 것이 자신이 제일가는 사랑꾼인 줄 안다. 아내를 위한 날에는 더욱 으쓱해진 어깨에 기세가 실리고 목소리가 커진다. 이 남자 간이 배 밖에 나온 줄을 모른다.

그래도 좋다. 젊은 날, 가없이 움츠렸던 어깨를 활짝 펴고 마치 자기 세상인 양 껄껄 웃는 모습이 보기 좋아 나도 따라 웃는다.

65세 어르신

 태화강역에서 부전역까지 동해선 광역전철이 개통되어 처음으로 승차하고 온 날이었다. 퇴직 후 무료했던 남편은 역세권에 산다는 이유로 동해선의 볼거리와 먹을거리를 즐겼고, 경로우대 무임승차권으로 두 도시를 넘나드는 재미에 빠져 있었다.
 남편 말로는 승객 대부분이 어르신들이라고 했다. 나도 65세 생일이 지났으니 어르신 대열에 끼어 보고 싶어 남편을 따라나섰다. 일상에서의 긴장감을 내려놓고 화장기 없는 얼굴에 펑퍼짐한 옷차림을 하니 마음이 한결 여유로웠다.
 매표소 앞에는 늙수그레한 어른들이 줄지어 늘어서 있었다. 우리 부부도 순서를 기다려 주민등록증으로 승차권을 발급받았다. 경로우대 플라스틱 공짜표를 주머니에 넣으며 피식 웃음이 났다.

지난 가을, 사찰 입구에서 경로우대를 받은 남편의 주민등록증 밑에 내 것을 살짝 내밀었다가 거절당하고 무안했던 기억이 났다. 이제는 거리낌 없이 당당하게 무임승차를 하게 되니 격세지감이 느껴졌다.

그렇지만 내가 정말 어르신이 맞는지 고개를 갸웃해 보아도 실감이 나지 않았다. 최근 UN이 발표한 평생연령기준표에 따르면 나는 이제 65세 청년기를 지나 중년으로 향하는 출발선에 서 있다고 했다. 그러나 최근 코로나 백신 접종 대상자로 '65세 어르신'이라 불리며 그 호칭에 익숙해진 터라, 그런 기준표에 선뜻 적응은 되지 않았다.

전철 안에는 어르신들이 삼삼오오 팀을 이뤄 저마다의 이야기로 분분했다. 귀동냥 해보니 무임승차의 즐거움이 화두였다. 그것도 우리 부부처럼 친구 따라 강남 가듯 부전역에 내려 자갈치 시장을 돌아보려는 듯했다.

교대역에서 내려 1호선으로 갈아탔다. '어? 지하철도 공짜네, 나는 아직 활발히 경제활동을 하며 세금도 내고 있는데 이렇게 공짜로 타고 다녀도 되는 걸까?' 잠시 마음 한구석이 떳떳하지 못했지만 거듭 대접받는 기분에 은근히 짜릿함이 밀려왔다.

자갈치역에서 내렸다. 시장에는 온갖 생선이 시끌벅적한 사람들의 사는 이야기와 어우러져 생생하게 살아 숨 쉬는 듯했다. 한나절 시장 투어를 마치고 점심을 먹기 위해 장어 구이집을 찾았다. 노릇노릇 구운 장어에 시원한 매운탕이 입맛을 돋우니, 소주가 빠질 수 없었다. 술잔을 앞에 두고, 세상 이야기에서 시작된 대화는 유수처럼 흘러간 우리 부부의 애잔한 인생이야기로 이어졌다.

역 주변에 있는 국제시장과 깡통시장을 둘러보았다. 남편은 예쁜 옷을 사주겠다고 했지만 욕심이 나지 않았다. 돈을 아끼려는 마음도, 취향이 맞지 않아서도 아니었다. 이미 내가 가진 옷으로도 충분하다고 느껴졌다. 아마도 수수하게 입은 옷차림에서 느껴진 여유가 아니었을까,

돌아오는 전철 안에서는 아침에 흩어졌던 승객들이 퍼즐 조각처럼 다시 모여 끼리끼리 승차하고 있었다. 경로석에 앉은 어르신들의 얼굴에는 피로감이 역력했다. 그들 모습에서 세월 앞에 장사 없다는 말을 절로 실감했다. 어떤 이는 자리에 앉자마자 곧장 잠이 들었고, 또 어떤 이는 주변을 의식하지 않은 채 들고 온 검정 비닐봉지를 부스럭거렸다. 분위기가 그러하니 나 역시 체면에 대한 부담이 없었다. 채 가시지 않은 술기운과 피로감이 몰려와 눈을 감았는데 그만 잠에 빠져들고 말았다.

전철에서 내리자, 남편의 볼멘소리가 터져 나왔다.

"당신, 아무리 경로석이라지만 코까지 골면서 잠을 자나? 그것도 벌건 대낮에. 나 원 참 창피해서."

"어머, 내가 정말 그랬어요? 그럼 깨우지 않구요."

나는 겸연쩍게 웃었다.

앞서 걷는 남편의 발걸음이 빨라졌다. 화가 났다는 뜻이다. 종일 붙어 다니면서 흐트러진 마누라의 모습을 받아들이고 싶지 않다는 속내의 표현일 것이다. 그러나 어쩌랴. 어르신으로 살아갈 앞날의 내 모습인 것을.

평소 같으면 종종걸음으로 달려가 "여봉~" 하고 호들갑을 떨며 팔짱을 끼면 그만일 텐데, 오늘은 하지 않을 테다. 우리는 같은 날 같은 시간에 어른이 되었다. 같이 늙어가는 처지에 나보다 몇 년 일찍 태어났다는 이유로 사십 년간의 결혼 생활 내내 나를 가르치려고만 한 찐 어르신이다.

이제, 나도 당당히 어르신 반열에 올랐다. 그러니 오늘만큼은 같은 어르신끼리 맞짱 한 번 떠봐야겠다. 자기 늙는 건 모르시면서 마누라 늙어가는 건 못 봐주겠다며 투정을 부리시니. 그러거나 말거나 나도 이제부터 어르신이거든. 흥칫뽕!

대문

　청도 금천면의 고택 마을을 탐방 중이었다. 여러 칸의 대문을 열고 들어서는데 어린 시절 내가 살던 산골 마을의 서울댁이 떠올랐다. 그 집은 육중한 대문이 이중, 삼중으로 닫혀 있던 부잣집이었다. 일곱 살이었던 나는 아홉 살 언니와 까치발을 하고 눈을 부릅뜨며 대문 틈새로 안채를 들여다보았다.
　우리 자매는 아픈 아버지를 모시고 큰 병원으로 간 엄마를 기다렸다. 그러다 배가 고프면 서울댁으로 달려갔다. 대문 앞에 쪼그리고 앉아서 엄마가 했던 말을 붙잡고 대문이 열리기를 고대했다. 기다리고 또 기다려도 대문은 좀처럼 열리지 않았다. 땅거미가 내리면 자매는 처진 어깨로 쓸쓸히 대문 앞을 벗어났다.
　육남매를 두었던 아버지는 원호청에 근무하셨다. 직원 감원이 있던 날, 열 명의 자녀를 둔 동료의 간절한 부탁을 외면하지 못하고 아버지는 스스로 옷을 벗었다. 어린 자식들에게 가난을 안겨준 죄책감으로 일거리를 찾아 객지를 떠돌다 병을 얻으셨다.

엄마는 아버지의 손을 이끌고 사돈의 팔촌이 사는 산골로 들어갔다. 버려진 산비탈 묵정밭에 화전을 일구며, 얼마 남지 않은 아버지의 삶을 지켜 주려는 선택이었다.

엄마는 일을 나서며 보리쌀로 저녁밥을 지어 놓으라고 했다. 언니가 독을 빡빡 긁어 밥을 안치고, 엄마가 일러 준 대로 잔솔가지로 불을 지폈다. 엄마 말대로 밥솥에서 눈물이 흘렀다. 아홉 살 나이답지 않게 야무졌던 언니는 불을 토닥거려 놓고 평상에 엎드려 공부하다가 나를 불렀다.

"동생아, 밥에 뜸 들었나 보자. 한 숟가락 가져와 봐."

나는 언니가 시키는 대로 뜨거운 솥뚜껑을 열고, 한 숟가락을 떠서 언니에게 갖다 주었다. 언니가 맛을 보는 동안 침을 흘리며 언니 입만 보았다.

냠냠 맛을 보던 언니가 뜸이 덜 들었다 했다. '뜸이 덜 든 밥맛이 어떤 맛일까?' 궁금해져 혼자 고개를 갸웃거리다가 나도 밥맛을 볼 이유를 찾았다. 솥뚜껑을 열어 둔 채 뜸이 덜 든 밥맛을 보고 또 보며 언니도 나도 어느새 재미에 푹 빠졌다. 늘 배가 고팠던 우리 자매는 코끝에 스치는 구수한 밥 냄새에 그만 사리 판단을 잃고 말았다. 이러면 안 되는 줄 알면서도 뜸을 핑계로 배를 채우는 행복감에 취해 있었다. 그 순간에는 아픈 아버지도, 어린 동생도 안중에 없었다.

집에 돌아온 엄마는 상황을 금세 알아 차렸다.

"울지마라, 괜찮다!"

가족을 생각하지 않고 저녁밥을 다 먹어버린 죄로, 가랑이 사이에 얼굴을 묻고 울고 있는 딸들을 엄마는 조용히 달랬다. 그리고는 서둘러 망태기를 둘러메고 언니와 내 손을 잡았다. 서산마루에 해가 걸린 늦은 오후, 우리는 마을 들판으로 나섰다.

허기를 달래주던 개망초를 꺾어 망태기에 채워 넣으며 엄마가 말했다.

"딸들아, 봐라. 저기 보이는 큰 기와집이 마을 부잣집 서울댁이란다. 예로부터 부자가 인심이 좋으면 그 고을에 배곯는 사람이 없다고 했다. 얼마 안 있으면 보리도 베고, 밀도 거두게 될 거야. 가을엔 논에 벼도 거둘 테고, 그때가 되면 우리도 배곯지 않을 거다. 인심 좋은 부자는 구석구석 곡식을 다 거두지 않으니."

어느 날 새벽, 엄마는 아버지를 모시고 황급히 큰 병원에 간다며 집을 나섰다. 그렇게 떠난 엄마는 이틀이 지나고, 일주일이 지나도 돌아오지 않았다. 집안에 양식은 바닥을 드러냈다.

마을 이장님이 엄마의 기별을 받았다며 보리쌀을 건네주고, 혀를 끌끌 차며 돌아갔다. 얼마 지나지 않아 또다시 가져다준 밀가루를 아끼고 또 아끼며 배고픔을 달랬다. 엄마 말처럼 서울댁이 인심 좋은 부자이길 바라며 허기진 배를 움켜쥐고 대문이 열리기를 기다렸다. 끝내 열리지 않는 대문을 돌아보고 또 돌아보며 어린 자매는 골목 어귀를 벗어나곤 했다.

"아버지를 산에 묻고 왔단다."

어느 해질녘, 엄마는 동생을 업고 집으로 돌아왔다. 어린 내 눈에 비친 엄마의 등에는 아버지가 남겨두고 간 삶의 무게가 석양빛에 길고 무겁게 드리워져 있었다. 초점을 잃은 엄마의 허망한 눈빛도 보았다. 그 눈빛 앞에서 나는 더 이상 일곱 살 아이일 수 없었다. 일찍 철이 들어버린 계집애는 궁핍을 거슬러 인심 좋은 부자가 되기를 소망했다.

오늘날의 풍요로운 삶 속에서 울림처럼 남았던 엄마의 말을 잊고 살았다. 그런데 고택의 대문 앞에 서니, 문득 그 말이 떠올랐고 나 자신을 돌아보게 되었다.

"예로부터 마을의 부자가 인심이 좋으면, 그 고을엔 배곯는 이가 없단다. 부자는 배고픈 사람을 위해 곡식을 거둘 때, 구석구석 다 거두지 않는 법이란다."

애장품을 보내며

  오래 전, 우연히 전원생활을 하게 되었다. 사백 평 넓은 터에 스무 평 남짓한 집이 하나 놓여 있어 왠지 덩그러니 외로웠다. 텃밭이 있었지만 도심으로 출퇴근하던 우리 부부에게는 농사를 지을 여유가 없었다.
  대신 휴일이면 정성껏 닭장을 짓고, 진돗개가 마음껏 뛰놀 수 있도록 터를 마련해 주었다. 닭이 홰를 치며 울고, 진돗개가 오가는 사람들에게 아는 척 짖느라 시끌벅적해도 휑한 집의 분위기는 좀처럼 감춰지지 않았다. 장작도 쌓고, 마당에 징검다리를 놓고 장독대도 만들었다. 우리가 갖고 있던 항아리에다 지인들이 쓰지 않던 항아리까지 모았더니 장독대가 금세 마당에 가득했다. 우리 집 장독대에서 존재감을 뽐내는 항아리를 보고 있으면, 물건도 제

자리가 따로 있다는 생각이 들었다. 거기에 계절 따라 피고 지는 갖가지 꽃을 심어 놓으니, 비로소 전원다운 면모를 갖춘 집이 되었다.

　오지 마을인 그곳에는 평생을 터전 삼아 살아온 어르신들이 계셨다. 그들과 이웃하며 지내는 동안, 문득 옛 물건에 눈길이 갔다. 그들에게 옛 물건이란 아무짝에도 쓸모없었지만 그렇다고 선뜻 버릴 수도 없는 마뜩잖은 대상이었다. 나의 관심에 그들은 속이 시원하다는 듯 기꺼이 물건들을 건네주었다. 한 점, 두 점, 우리 집으로 거처를 옮긴 그것들은 값나가는 물건은 아니었으나 닦고 매만져 제 자리를 찾아주니 낡은 기와집과 어우러져 집도 물건도 한층 돋보이게 되었다.

　옛것에 관심이 깊어지면서 골동품의 매력에 점점 빠져들었다. 남편을 졸라 산골 마을을 찾아다니며 값을 치르기도 하고, 얻기도 하며 수집하는 재미에 시간 가는 줄도 몰랐다. 나중에는 소먹이통, 맷돌, 인두, 녹슨 숟가락 하나에도 내 눈이 번뜩였다.

　골동품 수집에도 눈높이가 있다는 걸 그때 알았다. 한 단계 높아진 시야는 생활비를 아껴가며 공방을 찾아다니게 했다. 크고 작은 석등과 돌하르방, 솥단지 닮은 거북 가족과 대형 도자기, 보기만 해도 미소짓게 만드는 토우 인형들과 개구리군단이 우리 가족으로 하나둘 속속 합류했다. 그중에서도 수생식물을 품어 안고 분홍빛 연꽃을 피워내던 물두멍은 단연코 나의 최애 애장품이 되었다.

그들과 함께 오래오래 전원에서 살 줄만 알았다. 삶은 예측할 수 없다더니 뜻밖에도 도심으로 오게 되었다. 옮겨온 곳이 아파트나 빌라처럼 좁은 공간이었다면, 애장품은 그때 모두 처분했을지도 모른다. 다행히 여유 공간이 있는 원룸 건물이었기에 그나마 일부는 함께 데려올 수 있었다.

넓은 베란다에서 가지고 온 골동품들이 화초들과 어우러져 고풍스러운 실내 정원을 연출했다. 그 공간은 일상에 지친 내게 쉴 수 있는 따뜻한 휴식처가 되었다. 그곳에서 애장품에 눈을 맞추고, 하나하나 쓰다듬다 보면 쌓였던 스트레스의 무게가 한결 가벼워졌다.

그러나 원룸 관리가 힘들어지면서 다시 전원주택으로 돌아가고 싶은 꿈을 꾸게 되었다. 베란다 한구석에 수북이 쌓인 옛 물건들이 오히려 나보다 그날을 더 간절히 기다리는 듯했다. 하지만 인생이 뜻대로 되던가.

내 애장품을 생각한다면 전원주택으로 이사 가는 것이 백 번 마땅한 일이지만 어쩌랴. 어떤 귀한 물건도 사람의 가치를 뛰어넘을 수는 없다. 노년을 준비하는 우리 부부에게 가장 안락한 주거 공간이 무엇인지 고민 끝에 아파트가 정답이라고 결론이 내려졌다.

아파트로 결정하기까지 남편과 나는 각을 세우고 부딪히며 깊은 고민을 거듭했다. 나는 죽어도 애장품을 모두 들고 가고 싶었다. 그러려면 전원으로 가야 했다. 하지만 다가올 노년의 가파른 고지 앞에서 나의 의지는 차순위로 밀려나고 말았다. 이제는 애장품을 제대로 관리하기 어려운 것을 인정해야 했다. 결국, 가진 것을 정리하고 두 사람 단출하게 살기로 결론을 내렸다.

아파트로 이사하기로 결정한 뒤로부터 애장품과의 이별은 가슴 저린 일이 되었다. 되도록 가치를 알아봐 주고, 내기 가끔 볼 수 있고, 소식이라도 들을 수 있는 지인들에게 하나씩 떠나보내려 애썼다. 부디 새 주인을 만나 사랑받기를 간절히 소망하며 말이다.

영원한 인연은 이 세상에 존재하지 않는다. 돌이켜보면 내 부모님이 그랬고, 내 형제들이 그랬다. 언젠가는 사랑하는 사람도, 애장품을 떠나보내듯 그렇게 떠나보낼 날이 올 것이다.

나 역시 내 남편, 내 가족, 내 주변 사람으로부터 떠나야 할 시간이 올 것이다. 다만 그때 내가 나의 애장품을 기억하듯, 그들의 기억 속에도 오래오래 내가 남아 있었으면 좋겠다.

사랑의 힘

　이 시각 나는 김해체육관에서 동생을 응원하고 있어야 한다. 동생이 장애인 체전에 출전했다. 단순히 출전 선수로만이 아니라 강원 대표 슐런팀을 창단한 회장 자격으로 팀을 이끌고 왔다. 올케는 동생의 재활 프로그램 준비로 이번 행사에 함께 하지 못한다며 응원을 부탁했다. 나는 모든 일을 제쳐 두고 달려가 동생과 팀을 응원하고 격려하겠노라고 약속했다. 그렇게 철석같이 약속해 놓고, 한 시간도 지나지 않아 다리를 다쳐 휠체어에 앉아 진료실 앞에서 마음만 태우고 있다.
　오늘 같은 사소한 사고를 비롯하여 우리의 삶은 늘 예측불허이다. 부지불식간에 사고와 사건이 일어나고 그때마다 최선을 다해 그것을 해결하며 살아간다. 동생처럼 느닷없이 당한 사고로 십 년 세월을 참혹하게 싸우는 것이 그런 사례다.

어릴 적, 가난한 밀가루 신자였던 엄마를 따라 자주 성당을 다녀서인지, 동생은 신부님 역할 놀이를 즐기곤 했다. 중학교를 졸업하고 소신학교 고등과정과 대신학교 과정을 밟으며 사제의 길로 걸어갔다.

훤칠한 키에 이목구비가 수려했던 동생이 성가를 부르면, 듣는 이들은 마치 은총을 입은 듯 감화되곤 했다. 사람들은 이구동성으로 '사제로 쓰기 위해 태어난 사람'이라며 칭찬하곤 했다. '한국 가톨릭 탄생 200주년 세계성체대회' 때, 수도복을 입은 동생은 성 프란치스코 수도원의 새벽 문을 열었다. 그 장엄한 의식은 전 세계로 생중계 되었다. 그렇게 오직 신앙 안에 머물러 사제의 길을 향해 나아가던 동생이 그 길에서 벗어날 줄은 아무도 예상하지 못했다.

동생이 군에 입대해 진해 해군성당에 배치되었다. 신부님을 보좌하며 성당 사무실에 근무하던 중 사춘기 시절에 겪었어야 할 이성의 감정을 넘어서지 못했다. 같은 공간에서 마주하던 사무장 아가씨와 사랑에 빠지고 말았다. 하느님조차도 청춘의 피 끓는 사랑 앞에서는 손을 들 수밖에 없었다.

세월이 흘러 동생은 십여 년 전, 불의의 사고를 당해 하반신 마비 판정을 받고 휠체어에 의지하게 되었다. 젊은 날부터 자전거 타기를 즐겼던 동생은 사고가 있던 날, 평소와 달리 낯선 길로 접어들었다. 가장자리에 솟아오른 돌부리를 미처 가늠하지 못했다. 깊은 낭떠러지로 굴러떨어지는 바람에 뇌와 척추를 다치고 말았다. 작은 돌멩이 하나에 탄탄하던 오십 대 가장이 속절없이 무너지고 말았다.

가족들의 간절한 염원에도 불구하고 동생은 오랜 시간 중환자실에서 생과 사를 오갔다. 건재했던 사내의 몸에 욕창과 괴사가 덮쳐도 아픔을 느끼지 못했다. 남편 곁을 지키며 밤낮없이 올린 애끓는 아내의 기도가 닿았던 걸까. 다행히 동생은 기적처럼 생의 순간을 다시 맞았다.

동생은 치료를 마치고 휠체어에 의지한 채 퇴원했다. 그때부터 올케의 도움 없이는 한 발짝도 움직일 수 없었다. 지고지순한 올케의 삶에는 더 이상 자신이 존재하지 않았다. 오직 남편을 사람답게 살도록 해야겠다는 의지와 희망뿐이었다. 올케는 살던 집을 팔아 마련한 돈으로 최고의 시설이 갖춰진 재활병원으로 옮겨 그들의 보금자리로 삼았다.

작은 몸으로 하체 힘을 쓸 수 없는 남자의 무게를 온몸으로 감당하느라 몸살에 시달리며 앓아눕는 일이 다반사였다. 그럼에도 누구의 손도 빌리지 않고, 성심을 다해 깊고 깊은 사랑의 힘을 쏟아부었다. 그러나 몇 년에 걸친 재활에도 차도는 없었다. 부부는 서로를 보듬으며 담담한 척했지만 속마음은 얼마나 애가 탔을까. 올케는 동생의 긍정적인 성품 덕분에 힘들지 않다고 웃으며 말했지만 그 속내가 어찌 얼굴의 미소처럼 편안하기만 할까.

걷겠다는 욕심이 아니라, 인간의 가장 기본적인 행위인 배설을 기저귀에 의존하지 않겠다는 목표를 삼았지만 그조차도 이루어지지 않았다. 시간이 지날수록 희망은 멀어졌고, 강인하던 동생도 점점 숨조차 제대로 쉬지 못할 만큼 좌절에 빠져들었다. 올케는 그 모습을 곁에서 지켜보며 대신해 줄 수 없는 고통에 남몰래 눈물을 흘렸다.

두 해 전, 강원도로 거처를 옮겼다. 장애인 재활복지관이 있을 뿐 모든 게 낯설었다. 올케는 특단의 조치로 아파트를 비롯한 그곳의 생활반경 전체를 재활 공간으로 꾸며 강도 높은 훈련 중임을 종종 전해왔다. 오전에는 컴퓨터로 어느 병원의 프로그램을 관리하는 재택근무를 했다. 오후에는 복지관에서 운동하며 하루하루를 재활하는 일상으로 채워갔다. 마침내 죽었던 신경이 되살아났다. 하체에 힘이 오르고, 전립선 기능에도 변화가 생기며 기저귀에서 해방되었다.

"형님, 드디어 신랑이 사람답게 살아갈 수 있게 되었어요. 이제 웬만큼 용변을 조절할 수 있게 되었어요."

올케의 들뜬 목소리였다. 우리는 휴대전화를 사이에 두고 하염없이 눈물을 흘렸다.

지난 해, 경주에서 열린 장애인 기능대회 때는 입상을 자신하며 먼 길을 달려왔건만 호텔 환경에 적응하지 못하고 휠체어에 앉은 채 밤을 지새웠다. 결국, 대회를 포기하고 돌아서는 허탈한 뒷모습을 보는 내 가슴이 아팠었다.

오늘, 경기에 참여할 만큼 회복하기까지 바친 두 사람의 눈물과 노력을 알기에 반드시 참석하여 응원하고 싶었다. 곧 동생이 출전했던 슐런 경기가 종료될 것이다. 그러면 사고로 함께 하지 못한다는 내 문자를 확인한 동생이 전화할 것이다. 누나가 원격으로 응원해 준 덕분에 잘 싸워 이겼다는 너스레 떠는 목소리에 힘이 실려 있었으면 좋겠다.

영양제 한 알

　지인과 식사하는 자리에 지인의 친구가 동행했다. 커피를 마시는 자리에서는 어린 시절 가난했던 이야기가 화두가 되었다. 내 이야기를 듣던 초면의 그녀는 고개를 갸웃하며 의외라는 반응을 보였다. 내 첫인상이 결핍을 경험하지 않은 청담동 사모님 같다는 것이다. 그러더니 나이를 묻고 무슨 일을 하느냐고 신상을 물었다.
　나이를 말하고 건강기능식품 사업을 한다는 말을 하자 그녀는 "어릴 적 먹고 싶었던 영양제를 마음껏 복용해서 동안인가 봐요!" 하며 반색했다. 그녀의 말을 듣는 순간, 찢어지게 가난했던 어린 시절의 여섯 살 코흘리개가 남의 것을 훔쳐 먹었던 부끄러운 기억이 떠올랐다. 그리고 지금 내가 하는 식품 사업이 우연이 아니라는 생각이 들었다.

우리 집은 언덕배기에 있었다. 아랫집에는 내 또래 진옥이가 살고 있었다. 가난한 우리 아버지는 어깨를 펴지 못했지만 진옥이 아버지는 늠름한 경찰 제복을 입고 다녔다. 나는 남루한 옷차림에 얼굴에는 마른버짐이 번져 있었고, 진옥이는 나풀거리는 원피스를 입고, 얼굴에는 윤기가 흘렀다.

진옥이가 부러웠다. 예쁜 옷도, 예쁜 얼굴도 아니었다. 진옥이 집 화장대 위에 놓인 원기소 영양제가 우리 집에는 없었기 때문이다. 하얀 플라스틱 통을 열면 노르스름하고 동그란 알약에서 구수하고도 달콤한 향이 퍼져 나왔다.

날마다 진옥이가 영양제 먹는 시간이 되면 그 집으로 달려갔다. 옆에서 목을 빼고 침을 흘리다 참지 못하고 손을 내밀면 진옥이는 단호하게 손사래를 쳤다. 평소에는 별사탕이나 꽈배기는 잘도 나눠 먹던 진옥이가 원기소만큼은 마음을 열지 않았다.

그해 어느 여름 저녁이었다. 오줌이 마려워 마당 끝에 놓인 요강에 앉았는데 몰려오는 잠에 취해 중심을 잃고 말았다. 나는 그대로 아랫집 진옥이네 시궁창에 거꾸로 떨어지고 말았다.

"놀란 데 먹는 약이라도 먹였으면 좋으련만."

엄마는 나를 씻겨 재우고, 혼잣말을 하며 한숨을 쉬었다. 그 말에 문득 진옥이 원기소가 떠올렸다. 한 알만 먹으면 다쳐서 아픈 상처가 다 나을 것만 같았다.

다음 날도 어김없이 정해진 시간에 맞춰 진옥이 집으로 갔다.

영양제 한 알

내 상처를 본 진옥이는 시궁창을 보러 가자며 밖으로 먼저 뛰어나 갔다.

나는 잠시 머뭇거리다 진옥이가 반쯤 열어두고 간 영양제 병에서 눈을 떼지 못했다. 어젯밤 엄마 말을 떠올리며 '딱 한 알만 먹고 싶다'하는 유혹을 이기지 못했다. 조심스럽게 원기소 병을 열고, 한 알을 입에 넣고 숨도 제대로 쉬지 못한 채로 진옥이네 집에서 도망쳤다.

어렸을 때의 영양 불균형은 사춘기에 이르러 내 몸에 부작용처럼 여드름을 생성시켰다. 성인이 되어 결혼하고 아이도 낳았지만 한번 틀어진 호르몬 불균형은 쉽게 회복되지 않았다. 유전적 요인까지 더해져 얼굴에는 여드름이 끊임없이 올라와 오랜 세월 여드름과 싸워야 했다.

젊은 날, 경제활동을 시작하면서 사람들 앞에서 당당해지고 싶었다. 넉넉지 못한 살림살이에 영양제를 사 먹는 것도 버거워 곁눈질만 했다. 각종 영양제를 꼼꼼히 챙겨 먹던 동료의 맑은 피부를 부러워만 했다.

낯빛은 늘 탁했다. 쉰을 넘긴 나이에도 여드름은 삶의 자국처럼 얼굴 곳곳에 상처를 남겼다. 종국에는 당뇨 진단을 받았다. 다니던 회사에서 갑작스럽게 퇴직 권고를 받았다.

상실감으로 무너진 가슴을 다잡을 수 있었던 건 가슴 속 깊이 들어앉은 영양제에 대한 기억이었다. 내 몸부터 살려야 한다는 절박한 자각에서 식품 공부를 하면서 사업까지 하게 되었다. 오십 중반부터 칠십을 바라보는 오늘에 이르기까지 나는 영양제의 필요성을 알리는 '전도사'가 되었다.

청담동 사모님 같다는 말을 듣는 건 어찌 보면 내가 계획한 대로 이뤄낸 결과였다. 하지만 곱씹어 보면, 그 모든 일련의 일들은 우연을 과장한 필연이 아니었을까 하는 생각이 든다. 어쩌면 나는 애초부터 이 길을 걷도록 정해져 있었는지도 모른다. 어린 시절, 가난으로 인한 결핍이 내 의식 깊숙이 새겨졌고, 그 결핍이 오늘날 내가 건강과 관련된 사업을 하게 된 이유인지도 모른다.

그 소년

"깍, 놀랐지?"

방문이 갑자기 열리더니 소년의 상체가 방안으로 쏟아져 들어왔다. 방바닥에 배를 깔고 숙제를 하고 있던 나와 소년의 눈이 마주쳤다. 하얀 피부에 큰 눈을 가진 소년을 보는 순간, 순정만화 주인공을 닮았다고 생각했다. 부끄러워 얼굴을 떨구었다.

바느질하던, 엄마는 소년의 정체를 알아채고 웃으셨다.

"오라, 이삿짐이 들어오더니 그 댁 자제시구나. 괜찮다, 무안해 하지 않아도 된단다."

당황한 듯 머리를 긁적이던 소년에게 엄마는 옆방이라고 일러주셨다. 그제야 소년은 죄송하다는 인사를 하고 황급히 돌아섰다.

소년과 내가 세 들어 사는 집은 방 한 칸에 부엌이 딸린 단칸집이었다. 낮에 들여지는 이삿짐을 보고 나는 두 눈이 휘둥그레졌다. 한 번도 본 적 없는 고급스러운 세간살이에 가슴이 뛰었는데 그날 저녁 소년을 본 순간 내 심장은 더 요란하게 뛰었다. 내 촉각은 자꾸만 소년이 사는 옆방에 머물렀다.

어느 날, 언니가 소년을 불러 이것저것을 물어보았다. 소년은 조용히 대답했다. 사업을 하던 아버지가 갑자기 쓰러지면서 모든 걸 잃었다고 했다. 소년의 외할아버지가 근처 교회 목사님이라 가까이 이사 오게 되었으며, 초등학교 4학년이라고 했다.

나는 두 사람에게서 조금 떨어져 등을 돌린 채 마당에 앉아 흙을 긁적거렸다. 무심한 척했지만 소년의 말에 내 귀는 쫑긋 세워졌다. 언니는 나를 불러 같은 4학년이니 사이좋게 지내보라며 자리를 떴다. 소년보다 키가 컸던 나를 바라보며 그가 물었다.

"넌 몇 살이니?"

"응, 나? 열한, 열한 살이지."

"그렇구나. 그런데 키가 무척 크네."

그 순간, 소년에게 거짓말을 하고 말았다. 그와 친구가 되고 싶은 마음에서였다. 그도 그럴 것이 같은 4학년이지만 나는 또래보다 두 살 위였다. 열 살에 초등학교에 입학했기 때문이다.

소년에게 거짓말을 한 뒤로는 불편한 마음에 눈을 제대로 마주치지 못했다. 그런 내 마음을 알기라도 한 듯, 소년은 자주 나와 마주치며 웃어주었다. 서먹하고 긴장되었던 감정은 점차 편안해졌고, 우리는 친구가 되었다.

소년을 마주할 때마다 가슴이 콩당거리고, 얼굴이 발그레해졌다. 그런 나를 애써 감춰야 했다. 시시때때로 번져오는 미소도 조심스레 감추었다. 시간이 흐를수록 소년의 작은 말과 행동에도 마음이 쓰였다. 내 감정은 그에게서 벗어나지 못하게 되었다.

소년은 목사님이신 할아버지 교회에 자주 놀러가곤 했다. 은빛 모래가 깔린 교회 마당에는 그네가 있었다. 어느 저녁 무렵, 소년이 보이지 않아 교회로 찾아 나섰다. 그곳에서 소년은 반 친구인 경아와 함께 그네를 타고 있었다. 하얀 피부에 작고 귀여운 경아가 부러웠다. 혹여 소년이 나를 볼까봐 쓸쓸히 발길을 돌렸다.

나도 경아처럼 키가 작았으면 좋겠다고 생각했다. 더 이상 키가 크지 않기를 간절히 소원했다. 하지만 내 외침은 아랑곳없었다. 5학년이 되면서 마치 성장판에 과부하가 걸린 듯 하루가 다르게 키가 크고 몸도 여자로 변해갔다. 봉긋했던 가슴은 점점 부풀어 올랐다.

제때 성장기를 맞이한 소녀에게는 축복처럼 보였던 아름다운 변화가 내게는 아프고 슬픈 현실이었다. 나이를 속인 소년에게 내 모습을 들키고 싶지 않아 나는 숨바꼭질을 하듯 점점 피해 다녔다. 하루라도 빨리 이 상황에서 벗어나고 싶었다.

6학년 졸업을 앞두고 소년도 나도 그리 멀지 않은 거리로 이사했다. 그러던 어느 날, 노란 자전거를 타고 온 소년의 동생이 편지

한 통을 내밀었다. 나는 편지를 받지 않은 채 동생을 돌려보냈다. 하지만 마음 한편엔 그 편지 내용이 무척 궁금했다. 며칠 뒤, 소년의 동생이 다시 노란 자전거를 타고 와 또 한 번 편지를 건넸다.

혹여 누가 볼까 방문을 걸었다. 조심스럽게 편지를 펼쳐 읽어내려가다 숨이 멎는 듯했다.

"너는 경아랑 뭔가 달라. 그래서 내 마음이 설레. 나 너 좋아해. 우리 나중에 어른이 되면 결혼할래?"

하얀 거짓말이었지만 소년에게 실망을 주고 싶지 않았다. 나는 눈물 한줄기가 흐르고 나서야 냉정해질 수 있었다. 그동안 주눅 들어 닫아두었던 내 마음에 그리고 자라나는 내 몸에 듬뿍 물을 주어 성장의 문을 마음껏 열어주었다. 엄마가 사다 준 라일락 꽃무늬 브래지어는 더는 숨기고 싶지 않은 자랑이 되었다.

제4부

택시에서 생긴 일

"많은 사람을 상대하는 일이니 무슨 일인들 없겠어요. 다행히 조금 전 아기 엄마처럼 배려 깊은 사람이 있으니, 살 만한 세상이지 않나요?" 내 말에 기사는 조용히 웃었다.
"늦은 나이에 일을 시작했더니 서툴러요. 당장 그만둬야 하나 싶어도 목구멍이 포도청이라 그러지도 못해요. 그런데 간혹 이렇게 고마운 사람들 덕분에 하나씩 익혀가고 있답니다."
나를 내려 주며 쓸쓸히 웃던 기사에게 큰 힘이 되어줄 다음 손님을 만나라며 손을 크게 흔들어 주었다.

- 택시에서 생긴 일
- 양심의 소리
- 차는 눈이 없다
- 불 꺼진 창
- 반전 인생
- 한 치의 오차
- CCTV 속의 여자
- VIP 고객
- 두 여인

택시에서 생긴 일

중요한 약속을 앞두고 승용차가 고장이 났다. 부랴부랴 택시 콜에 전화를 걸었지만 차가 없다는 대답만 여러 번 돌아왔다. 속이 까맣게 타들어갔다. 무슨 수를 써서라도 약속시간 전에 도착해야 한다는 조급한 마음을 비웃기라도 하듯 줄지어 달려오는 차 중에 빈 차는 좀처럼 눈에 띄지 않았다.

속이 타 동동거리기를 이십여 분, 기적처럼 빈 차 택시를 발견했다. 손을 흔드는 내 앞에서 여성 운전자가 모는 택시가 스르륵 멈췄다. 얼른 문을 열고 바삐 뒷좌석에 올라탔다.

한시름 놓은 마음으로 저녁 풍경에 눈을 맞추고 있는 사이, 택시는 내가 원하는 방향에서 점점 벗어나고 있었다.

"여기서 좌회전해야 맞지 않나요?"

내 말에 기사는 피곤한 목소리로 대답했다.

"내비게이션이 안내하는 대로 갑시다."

피로에 젖은 그 목소리에 내가 모르는 빠른 길이 있나 보다 싶어 더 묻지 않았다. 아뿔싸! 팔 차선 대로까지 나온 택시가 목적지와 정반대 방향인 우회전을 반복했다.

다급해져 왜 이 길로 가느냐고 물었다. 기사는 "손님이 설정해 놓은 목적지로 내비게이션 따라가는 중입니다."라고 했다. 그제야 뭐가 잘못됐다는 걸 깨달았다.

"아니, 무슨 말씀이세요? 택시에 타면서 목적지를 분명히 말했잖아요?"

"그럼, 호출한 손님이 아니라는 말인가요? 예약 차를 타면 어떡해요? 차 탈 때 왜 안 물어보고 탑니까? 전화가 계속 걸려 오더니, 어쩌면 좋아!"

기사는 짜증 섞인 목소리로 붉으락푸르락 목소리를 높였다.

"기사님! 나는 분명 '빈 차'라는 빨간불을 보고 택시를 세웠고, 기사님이 암말 없이 태웠잖아요."

자신의 실수는 인정하지 않고 손님에게 책임을 돌리는 기사가 답답해 나도 덩달아 언성을 높였다.

"예약받은 손님을 거절하면 벌점을 받고, 운행 정지도 당한단 말이에요! 어휴, 미치겠네."

기사는 흥분한 듯 갈피를 잡지 못하고, 다른 차선을 넘나들었다. 놀란 뒷차가 경적을 빵빵거렸다. 나도 깜짝 놀라 두 손으로 앞 의자를 꽉 붙들었다. '이러다 정말 무슨 일이 생기겠구나.' 겁이 났다.

"어서 나를 내려 주시고, 다시 돌아가세요."

말은 그렇게 했지만, 혼잡한 교통량 밀집 지역에서 과연 택시를 잡을 수 있을까 하는 걱정이 밀려왔다.

그때, 기사의 핸드폰이 다시 울렸다. 스피커 버튼을 누르고 전화를 받았다.

"아니, 손을 흔들었는데 다른 손님 태우고 가면 어떻게 해요?"

볼멘소리로 항의하는 젊은 여성의 목소리에는 난감함과 초조함이 배어 나왔다. 기사는 "죄송합니다. 손님을 잘못 알고 태웠어요."라는 말만 되풀이했다.

누구의 실수든 나로 인해 비롯된 엉킨 실타래가 분명했다. 기사를 도와 상황을 마무리해야겠다는 생각에 몸을 앞으로 당겨 앉았다.

"죄송합니다. 호출된 택시인 줄 모르고 탄 손님입니다. 조금 전에 제가 실수로 탔다는 걸 알았습니다. 기사님도 많이 당황하고 있어요. 정말 죄송합니다."

그녀는 아기가 돌아올 시간이 다 되었다며 난감해 했다. 이미 멀리 와버렸다며 거듭 송구한 마음을 전했다.

"그럼 할 수 없지요. 알겠습니다." 하는 목소리에는 마음 넓은 사람이 풍기는 너그러움이 배어 있었다.

그녀는 보나마나 워킹맘으로 시간에 쫓기며 퇴근길을 서둘렀을 것이다. 소중한 시간을 아껴야 할 시각에 코앞에서 자신의 권리를 가로채 간 사람을 이해해 주었다. 배려 깊은 목소리에 냉랭하던 택시 안이 온기로 채워지는 것 같았다.

약속 장소로 차를 돌리며 기사가 입을 열었다. 내가 타기 얼마 전, 호출을 받고 간 곳에 손님이 보이지 않았다고 했다. 한참을 헤맨 끝에 주소가 잘못되었다는 걸 알게 되었다. 손님께 호출 취소를 부탁했으나 그는 왜 자신이 1,500원을 손해 봐야 하냐며 화를 냈다. 기사는 "호출한 손님이 취소하지 않으면 벌점을 받고 운행 정지를 당할 수 있다."라고 사정했지만 양해는커녕 "당장 차를 보내지 않으면 고발하겠다."라며 거친 말을 퍼부었다. 조금 전 걸려왔던 전화도 그 손님인 줄 알고 감정을 추스르지 못했다고 상황을 설명하며 미안해 했다.

"많은 사람을 상대하는 일이니 무슨 일인들 없겠어요. 다행히 조금 전 아기 엄마처럼 배려 깊은 사람이 있으니, 살 만한 세상이지 않나요?"

내 말에 기사는 조용히 웃었다.

"늦은 나이에 일을 시작했더니 서툴러요. 당장 그만둬야 하나 싶어도 목구멍이 포도청이라 그러지도 못해요. 그런데 간혹 이렇게 고마운 사람들 덕분에 하나씩 익혀가고 있답니다."

나를 내려 주며 쓸쓸히 웃던 기사에게 큰 힘이 되어줄 다음 손님을 만나라며 손을 크게 흔들어 주었다.

양심의 소리

친구와 산책길에서 누군가 두고 간 스틱을 발견했다. 아직 윤기가 흐르는 것이 새것처럼 보였다. 순간 머릿속으로 '스틱이 망가져 새로 장만해야 하는데 웬 횡재!' 하는 생각이 스쳐 갔다. 친구는 스틱이 필요치 않다면서 내 눈치를 살폈다. 두고 가자는 말을 하지 않고 머뭇거리는 내 의중을 알아챘는지 한 마디 던졌다.

"이런 곳에서는 먼저 본 사람이 임자인 거야."

스틱을 집어 옆구리에 끼고는 당당한 걸음으로 앞장섰다. 친구의 과장된 걸음에 킥킥 웃으며 뒤따르면서도 횡재한 기분을 들킨 것 같아 얼굴이 화끈거렸다. 친구는 오로지 나를 위해 스틱을 집어 온 것이다.

마음이 불편해진 나는, 혹시 주인이 찾으러 오면 돌려주자며 남아 있는 코스를 천천히 돌았다. 시간이 제법 흘렀지만 잃어버린 물건을 찾는 사람은 나타나지 않았다. 친구는 "사람들의 발길이 끊이지 않는 관광지라, 그 자리에 그냥 뒀어도 주인에게 돌아가지 않았을 거야." 라며 심란한 내 마음을 다독였다. 결국 스틱을 들고 숙소로 돌아왔다.

숙소에 돌아와 자세히 살펴보니, 등산가라면 누구나 선호하는 고급 브랜드에 기십만 원은 줘야 살 수 있는 제품이었다. 스틱을 잃어버린 주인은 꽤 속상해 할 것 같았다. 그러나 어쩌랴. 이미 산을 넘고 물 건너 버렸다. 문제는 생각 없이 들고 온 스틱 하나가 점점 짐이 되어 어깨를 누른다는 것이었다.

잊어버리자며 고개를 흔들어도 스틱만 보이면 남의 물건을 주워 왔다는 사실이 마음에 걸렸다. 주인을 찾아주겠다며 주변을 돌아볼 게 아니라 주웠던 자리에 그대로 두었어야 했다. 순간의 판단으로 부끄럼 없이 살아왔다고 자부해온 인생에 금을 긋고 말았다.

가까운 지인에게 스틱으로 비롯된 괴로움을 이야기했더니 "그깟 것 가지고 별스럽게 왜 그래? 오버하는 것 아니냐?"라며 웃어넘겼다. 자신의 물건을 길에 떨어뜨린 사람이 잘못한 것이지, 주워 온 사람이 잘못은 아니라는 말이었다. 예전의 나였다면 지인의 말에 고개를 끄덕였을지도 모른다.

수년 전, 사업상 고객을 만나 점심을 같이한 뒤 식당 근처의 공원 벤치에서 이야기를 나눴다. 고객과 헤어진 뒤 사무실로 돌아오는 차 안에서 자꾸만 허전한 기분이 들었다. 갓길에 차를 세우고 점검에 나섰다. 맙소사, 업무용 가방이 보이지 않았다. 하필이면 그날따라 고객이 건넨 물품 대금을 생각 없이 업무용 가방에 넣어 두었다. 돈도 돈이지만 사내 보안용 서류들과 고객 정보가 담긴 리스트는 절대로 잃어버려선 안 되는 것들이었다.

부랴부랴 차를 돌려 공원으로 향했다. 입구에 차를 세우고, 떨리는 다리로 벤치를 향해 뛰었다. 혹시나 하는 마음으로 달려가면서도 사람이 오가는 공원 한복판에 가방이 그대로 있을 거라고는 기대하지 않았다. 가방의 안전을 믿기에는 삼십 분의 시간은 너무 길었다. 하지만 내 생각이 무색하게도 가방은 놓아둔 그 자리에 오롯이 있었다. 그런 간절하고 감사한 일을 겪은 내가, 주인이 찾으러 올지도 모르는 물건을 집까지 들고 오는 우를 범하고 말았다.

그렇다고 멀쩡한 스틱을 내다 버릴 수는 없는 노릇이었다. 버린다고 해서 마음이 가벼워질 것 같지도 않았다. 스틱을 내 것처럼 사용하자니, 머릿속을 왕왕 울리는 양심의 소리가 두려웠다. '그래, 스틱값만큼 자선하자.' 결심을 굳히고, 불우한 아이를 도와달라는 TV 광고에 맞춰 전화기 버튼을 누르려는 찰나 또 머리가 뒤엉키었다. '퇴근길에 뭐도 사고, 뭐도 사야 하잖아.' 또 다른 내가 나를 꼬드겼다. 알량한 양심은 주머니 얕은 현실을 이기지 못했다.

퇴근길에 마트에 들러 이것저것 사고 집으로 가는 내내 '과연 내게 양심이라는 게 있기나 한 걸까?' 자문했다.

공원 벤치에 두고 온 가방을 나는 찾을 수 있었지만 스틱의 주인은 헛걸음했을지도 모른다. 아무리 포장해도 스틱을 들고 온 나의 행동은 결국 검은 욕심의 발로였다는 것을 양심은 안다. 꼭 양심이나 법을 들먹이지 않더라도 그 행동은 상식인의 규범에서 벗어난 일이었다. 거기까지 생각이 미치자 어떻게든 스틱값을 지출해야 마음의 평안을 얻을 수 있을 것 같았다. 우여곡절 끝에 값을 치른 스틱은 지금 '양심의 거울'이 되어 창고 안에 고이 모셔져 있다.

차는 눈이 없다

　남편과 함께 베트남 여행 중이었다. 막 도착한 호텔 앞에는 푸른 바다와 야자나무가 어우러져 한 폭의 그림으로 펼쳐져 있었다. 힐링을 위해 선택한 최고의 휴양지에서 며칠을 쉬어갈 생각에 마음이 설렜다.

　환상적인 풍경을 담기 위해 핸드폰을 열었다. 메시지 알림이 떠 있어 무심코 확인하는 순간, 눈을 의심했다. 발신자가 경찰이었다. '경찰이 나를 왜? 경찰이 나를 찾을 일이 없는데 무슨 엉뚱한 착오로 메시지를 보낸 걸까?' 이어 확인한 문자에 정신이 아연해졌다.

　'남부경찰서 교통 범죄 수사팀 수사관입니다. 차주 박희자이신가요? 2023년 4월 3일, 무거동 카페 앞에서 우회전 중 보행자의 발을 역과한 사고가 발생했는데 현장을 이탈하셨다고 신고가 접수되었습니다."

가슴이 철렁 내려앉았다. '현장을 이탈하였다.'라는 말은 내가 누군가를 치고는 뺑소니를 쳤다는 말이 아닌가. 머리를 저어봐도 '차주 박희자'라는 이름이 문자 안에 너무나 뚜렷하게 박혀 있었다. 도대체 무슨 일이 있었던 걸까? 머리를 가다듬어 기억을 떠올렸다.

그날, 그곳을 차로 지나친 건 사실이었다. 며칠 자리를 비우게 되어 미리 일들을 처리하느라 바쁘게 움직였고, 카페 앞 도로를 급히 지나쳤던 장면이 생각났다.

"지금의 나로서는 도무지 이해되지 않지만 그날 바쁘게 그곳을 오간 건 기억납니다. 사고당한 분은 얼마나 놀라고 또 다쳤을까요? 지금은 해외여행 중이라 귀국하는 대로 찾아뵙겠습니다." 문자를 보냈다. 곧 답장이 왔다.

"다행히 크게 다치지는 않았습니다. 통원 치료 중이니, 여행 일정 마치고 귀국하시면 출석해 주세요."

"큰 사고가 아니라니, 그나마 다행입니다." 라는 문자를 보내고 가슴을 쓸어내렸다. 그러나 남은 여행 일정이 즐거울 리 없었다. 기대로 설렜던 마음자리에 무거운 돌덩이가 얹힌 듯 여행 내내 떠나지 않았다.

집에 도착하자마자 곧바로 경찰서에 출석했다. 수사관이 열어

준 CCTV 영상에는 우회전하던 중 내 차의 뒷바퀴가 여성을 스치듯 부딪치는 장면이 선명하게 담겨 있었다. 그런 큰일이 있었는데도 전혀 의식하지 못한 채 운전을 했다는 사실에 몸 둘 바를 몰랐다.

영상으로 상황은 파악되었지만 당시에는 전혀 알지 못했다는 내용을 조서에 적었다. 수사 담당자는 보험회사에 사고를 접수하라고 안내했고, 피해자의 연락처를 건네주었다.

"그만하길 다행이다, 이런 말은 절대 해서는 안 됩니다."

그는 조심스러운 조언도 덧붙였다.

떨리는 마음으로 전화기를 들었다. 건너편에서 들려온 여성의 목소리는 다행히도 차분하고 온화했다. 그 말씨에 마음이 놓여 고개 숙여 실수를 사과했다. 고통은 없었는지, 마음은 안정되었는지, 세세히 물으며 진심으로 미안한 마음을 전했다.

여성은 그날, 차바퀴에 신발이 끼었을 때 주먹으로 내 차를 탕탕 쳤다고 했다. 차는 이십 미터쯤 가다가 멈췄지만 자신이 걷지 못해서 다가가지 않자 이내 곧 사라져 결국 신고하게 되었다고 했다. 경찰은 뺑소니로 간주했고, 119를 이용해 치료받으라고 했지만 동네 병원에서 통원 치료를 받고 있다고 했다.

나는 당시 내가 행하던 목적지가 바로 그 이십 미터 앞이었고, 고객에게 제품을 전달하기 위해 정차한 것이었다고 설명했다. 인수할 사람이 나와 있지 않아, 안전한 주차 장소를 찾아 삼십여 미터쯤 골목길로 이동했던 상황도 덧붙였다. 충분히 오해할 만한 상황이었음을 인정했다. 다행히 그녀는 나의 진심을 받아주었다. 치료 잘 받겠다는 말과 함께 "그런 줄 알았으면 경찰에 알릴 필요도 없었을 텐데요."라며 오히려 나를 걱정해 주었다.

이틀 후, 보험회사에서 연락이 왔다. 인사 사고는 시간을 끌수록 좋지 않다며 비용이 좀 더 들더라도 서둘러 보상 처리를 마쳤다고 했다.

며칠 후, 경찰서에서도 다시 호출이 왔다. 수사관은 밝은 표정으로 말했다.

"합의가 안 되었다면 계속 불려 다니셔야 할 뻔했어요. 피해자분이 선생님의 진심을 받아주셔서 사건이 빠르게 마무리됐습니다."

과실은 반드시 대가가 따르는 법이다. 사람을 다치게 해 놓고 아무런 조치 없이 자리를 떴다는 괘씸죄까지 더해져 결국 벌점 40점을 받았다. 바쁜 일에 쫓겨 허둥거린 잠깐의 부주의가 고스란히 큰 대가로 돌아왔다. 차는 눈이 없다. 이번 사고가 더 큰 사고를 막는 반면교사가 되기를 스스로 다독이며 위로해 본다.

"이만하길 다행이다."

두 번 다시는 오고 싶지 않은 경찰서 문을 나서며 혼잣말을 중얼거렸다. 혹시나 수사관이 듣지 않았을까 싶어 힐끗 뒤를 돌아보았다.

불 꺼진 창

 통장에 입금 알림 문자가 떴다. 201호 정화가 송금한 금액을 확인했다. 고맙고 반가운 마음이었다.
 한 지붕 열 가족 원룸 주인이 된 지도 여러 해가 되었다. 입주자 대부분은 건물 외벽에 걸어둔 내 전화번호를 보고 직접 연락해 오지만 간혹 부동산 소개로 들어올 때도 있다. 전화가 오면 방을 보여주고, 그 사람의 마음을 살펴본 다음 반응이 괜찮으면 계약서 몇 자 적고 방을 내어 준다. 까다로운 절차 없이 모여 사는 작은 공동체이지만 조용하고 평화로웠다. 정화 사건이 있기 전까지는.
 두 해 전, 부동산에서 연락이 왔다. 방이 마음에 든다는 사람이 있다며 반가운 목소리로 말했다. 기쁜 마음으로 달려갔더니 검은 모자를 깊게 눌러 쓴 표정 없는 아가씨가 기다리고 있었다. 보증금이 부족하다며 사정을 봐 달라고 했다. 젊은 중개인이 간곡히 부탁하는 모습이 안타까웠지만 마음이 내키지 않았다. 보증금이 적은 것도 그렇고, 아가씨 어두운 얼굴에 보이는 사연이 불안하게 다가왔다. "밥벌이하게 도와 달라."고 매달리는 젊은 중개인의 눈빛을 뿌리치지 못하고 계약서에 도장을 찍었다. 대구에 주소를 둔 스물일곱 살 정화는 한 지붕 가족이 되었다.

부동산을 나오며 "잘 지내보자."라고 손을 내밀었지만 그녀는 반응이 없었다. 뒷일이 신경 쓰여 본가는 어디인지, 무슨 일을 하는지 슬며시 물었다. 계약서에 적힌 주소는 할머니 댁이라며 직장 이야기에는 뜸을 들이며 얼버무렸다.

입주 넉 달쯤 되었을 무렵부터 방세가 밀리기 시작했다. 우편함에는 전기와 가스 독촉장이 쌓여가고 있었다. 보증금을 제대로 받지 않았다는 내 불안감도 함께 쌓여갔다.

어느 날, 남편이 화단 정리를 하는데 어떤 남자가 다가와 201호 아가씨를 조심하라고 했단다. 전에 살던 원룸에서 방세를 떼먹고 도망 나왔다라는 말을 전해 듣고 그녀에 대한 근심이 더했다.

방세가 계속 밀렸다. 어떤 성향의 아가씨인지 알 수 없어 심기를 건드리지 않으려고 조심스럽게 문자를 보냈더니, 다행히 답이 왔다. 노력 중이니 조금만 기다려 달라며 죄송하다는 내용이었다.

며칠 뒤, 빈방을 찾는 문의 전화를 한 남자가 201호에 사는 정화의 남자친구라고 했다. 그러더니 다짜고짜 "혹시 정화가 남자와 함께 살고 있지 않냐?"며 물었다. 순간 가슴이 철렁 내려앉았다. 그는 정화 모르게 3층에 방을 하나 얻고 싶다는 것이었다. 상식에 맞지 않는 요구를 능청스럽게 하는 그의 말에 단호히 전화를 끊었다.

그 일이 있고 난 뒤, 왠지 정화에 대한 의심이 더해져 기다릴 수 없어 전화를 걸었다. 통화 연결음 끝에는 "개인 사정으로 당분간 통화할 수 없습니다." 하는 차가운 음성만 들려왔다. 몇 번을 다시 걸어도 마찬가지였다. 카카오톡 메시지에도 읽었다는 표시가 뜨지 않았다.

답답한 마음으로 기다렸지만 사람은 끝내 나타나지 않았고, 전화기에서는 여전히 같은 소리만 반복되었다. 나는 웅크린 어깨로 불 꺼진 201호 창문만 애타게 올려다볼 수밖에 없었다.

201호 때문에 무엇을 하든 마음이 편치 않았다. 정화와 처음 나눴던 대화를 떠올려 볼 때, 부모 없이 조모의 손에 자란 듯했다. 한 지붕 아래 살던 아가씨가 몇 달째 자취를 감췄으니, 마치 내가 보호자인 양 그녀의 안부가 걱정되어 마음을 놓을 수가 없었다.

걱정이 꼬리를 물던 어느 날, 처음 계약서에 명시해 놓은 내 계좌로 방세가 입금되었다. 감사함과 안도감으로 기쁨이 밀려왔다. 하지만 그 기쁨은 오래가지 못했다. 그동안은 계약서에 적힌 신협 계좌가 아닌, 내가 따로 문자로 알려주었던 농협 계좌로 입금했었다. 그런데 왜 갑자기 신협 계좌일까? 행방이 묘연한 터라 의심과 걱정이 깊어졌다.

얼마 지나지 않아 정화 남자친구라는 사람에게서 전화가 걸려왔다. 내가 궁금해할 것 같아 알려 준다며, 밀린 방세는 받기 어려울 거라고 했다. 본인도 큰돈을 빌려줬다가 떼일 판이라며, 볼멘소리로 넋두리를 했다.

정화는 유흥업소 실장으로 일하다가 최근 법을 어겨 벌금형이거나 2년간 구류를 살 처지라고 했다. 경찰에게 쫓기고 있어 휴대전화가 없어 자신의 명의로 개통했다는 바뀐 번호를 알려 주었다.

혹시 정화와 연락이 닿지 않더라도 궁금한 게 있으면 본인이 대신 알려주겠다고도 했다. 답답했던 마음이라 고맙긴 했지만 정체모를 이 사람의 친절이 무엇을 의미하는지 의심이 갔다.

헛일인 줄 알면서도 수시로 201호의 초인종을 눌러보고 잘 지내냐는 짧은 안부를 메모지에 적어 문에 붙여 보기도 했다. 며칠을 눈을 씻고 봐도 정화의 흔적은 어디에도 없었다. 보다 못한 남편은 스카치테이프에 긴 머리카락을 붙여 문 바깥에 달아보라고 제안했다. 만약 누구든 출입이 있었다면, 머리카락이 딸려 늘어가 움직임을 알 수 있을 거라고. 실낱같은 희망으로 며칠을 살펴봤지만 머리카락은 그대로였다.

불 꺼진 창을 올려다본 지도 벌써 두 계절이 지났다. 가스도, 전기도 끊긴 지 오래다. 이 혹한에 철옹성처럼 열리지 않는 캄캄한 창문 너머에는 도대체 무슨 일이 벌어지고 있는 걸까? 혼자 사는 여자들에게 종종 일어난다는 치정 사건들이 떠오르면서, 정화의 남자친구에 대한 의심도 깊어졌다.

혹시 누군가 정화의 알리바이를 만들기 위해 방에 숨어들어 계약서에 적힌 계좌를 보고 방세를 입금한 건 아닐까? 은행에 문의해 보았지만, 예금자의 신원을 알 수 없었다. 결국, 지구대를 찾아갔다. 자초지종을 설명하며 문을 열고 확인만 해 달라고 요청했지만 사생활 보호법상 가족 동반 없이는 경찰이 개입할 수 없다는 것이었다. 정화의 행방을 찾을 방법이 없느냐며 떼를 쓰듯 매달리자 경찰은 여성 긴급 센터 '1366'에 의뢰해 보라고 했다.

아무것도 손에 일이 잡히지 않은 채 혼란스럽던 날, 정화 남자친구에게서 다시 전화가 왔다. 직접 만나줄 수 있느냐는 내 요청에 그는 흔쾌히 응했다. 내 얼굴을 드러내도 괜찮을까 잠시 망설였지만 그가 정화에게 닿을 수 있는 유일한 통로였기에 마주 앉았다.

내게 도움 준 데 대한 고마움을 전하자, 그는 문에 붙어 있던 메모지를 읽었다고 했다. 며칠 전에는 정화 방에서 새어 나오는 불빛을 봤다고도 했다.

대기업 현장에 근무한다는 그 남자는 겉보기엔 순박했지만 어딘가 2 프로가 부족한 듯 눈빛이 풀려 있었다. 두 사람의 만남은 삼 년이 넘었고, 부모님 성화로 정화가 나타나면 결혼하고 싶다고 했다. 정화의 직업도 이해하고, 여전히 사랑하고 있다고 했다. 다만 "돈 쓰는 것만 빼면 참 괜찮은 아가씨." 라며 입가에 미소를 띠었다.

정화 같은 아가씨와 결혼을 꿈꾸는 눈먼 사랑이 안쓰러웠다. 순진한 청년의 마음을 돌려놓아야 할 것 같았다. 정화를 향한 그의 애틋한 마음에 걱정이 되어 남편에게 들은 어떤 남자의 말을 내가 발설하고 말았다.

"아, 그 말요? 내가 아저씨한테 한 말인데요."

그 순간 할 말을 잃었다. 주문한 커피는 아직 나오지 않았지만 더는 대화를 이어갈 필요를 느끼지 못했다. 걱정도 사라졌다. 며칠 전 지구대를 찾았을 때, 파출소장이 했던 말이 떠올랐다.

"사모님 같으면 그런 남자하고 결혼하고 싶겠어요? 걱정하지 마시고 그냥 기다려 보세요."

그 말이 가슴에 쿵하고 내려앉아 나는 무릎을 쳤.

반평생을 더 살았고, 더구나 사회생활을 하고 있으면서 사람 보는 눈이 이 정도라니 하는 자책이 차올라 순애보인지 스토커인지 하는 그의 등을 사정없이 밀쳐 냈다.

그날 이후, 방세가 입금되어도 더는 걱정하지 않았다. 시간이 꽤 흐른 어느 날 저녁 무렵, 초인종 소리에 문을 열어보니 정화가 서 있었다. "심려 끼쳐 죄송하다."라며 양해를 구하는 그녀는 밝고 환한 미소를 지닌 이십 대 아가씨의 모습이었다.

반전 인생

　방송 토크쇼 '황금연못'의 주제는 '벼랑 끝에서 만난 기적'이었다. 절망에 빠졌을 때, 누군가 내민 도움의 손길이 인생의 반전을 가져다준 사연들로 감동이 이어졌다.
　한 발표자는 독일 출장 중 공항에서 여행용 가방을 소매치기 당했다. 황당하여 갈팡질팡하던 그때 한 청소부가 다가왔다. 청소부를 따라 황급히 화장실로 달려갔지만 그곳에는 텅 빈 가방만 있었다. 그러나 그 청소부는 끝까지 도와주었다. 함께 대사관에 가서 임시여권을 만들고, 목적지인 프랑크푸르트까지 동행하며 안내해 준 덕분에 무사히 출장을 마칠 수 있었다.
　내 주변에도 그런 사람이 있어 감동이 뭉클하게 다가왔다. 미국에 사는 영아가 낭떠러지 끝에 서 있을 때 손을 잡아 준 사람, 바로 미국 남자 '미스터 길'이다.

영아는 이십 년 전, 압록강을 건너 중국을 거쳐 탈북민으로 한국에 입국했다. 이십 대 초반이었던 영아는 직장 동료와 인연을 맺고 결혼을 준비 중이었다. 성당에서 처음 만난 우리는 '대모'와 '대녀'라는 신앙적 관계로 엄마와 딸이 되었다. 여느 부모가 그러했듯 영아의 혼주가 되어 행복을 빌었다.

영아에게 딸이 태어났으나 행복은 오래가지 못했다. 영아가 탈북해 중국에 머무는 동안, 신변 보호를 위해 잠시 동거를 하던 남성과의 사이에서 아들이 태어났었다. 그 아이는 어느덧 열 살이 되었다.

영아의 신랑은 결혼 전에 "아이를 자신의 호적에 올려주겠다."고 하던 약속을 부모님의 반대로 극복하지 못해 끝내 지키지 않았다. 영아가 직접 나서서 부모님을 설득해 보았지만 쉽지 않았다. 갈등은 점점 깊어졌다. 결국, 결혼생활은 파국을 맞고 말았다. 새로 태어난 딸은 시부모께 맡기고, 가엾은 핏줄인 아들을 데리고 무일푼으로 떠났다.

그 후, 영아가 간간이 소식을 전해왔다. 모자에게 간절했을 경제적 도움을 주지 못한 것이 늘 안타까웠다. 현실에 지친 영아로부터 소식이 차츰 뜸해지더니 끝내 소식이 끊겼다. 아픈 손가락인 가엾은 모자를 위해 내가 할 수 있는 일은 기도하며 기다리는 것이 전부였다.

몇 년의 시간이 흐른 어느 날, 영아가 그간의 삶을 설명하듯 소식을 전해왔다. 까만 눈을 가진 인상 좋은 미국인 신랑 그리고 예쁜 웨딩드레스를 입은 영아, 훌쩍 커버린 아들과 함께 찍은 사진 몇 컷이 먼저 도착했다. 곧이어 전화가 걸려왔다.

"오랜 시간 걱정만 끼쳐 죄송합니다."

밝고 예의 바른 말투로 잃어버린 시간을 되찾기라도 하듯 울고 웃었다. 그날 우리는 시간 가는 줄 모르고 통화를 이어갔다.

결혼이 파국으로 끝난 후, 갈 곳이 없어 전전긍긍하며 떠돌던 영아가 적은 돈으로 할 수 있었던 것은 남대문시장에서 생필품을 떼어 짊어지고 중국을 넘나들며 보따리 장사를 하며, 하루하루를 버티는 것이었다. 하지만 기숙사가 있는 학교에 입학한 아들의 뒷바라지에도 급급한 처지였다. 일은 마음처럼 풀리지 않았고, 세상 어디에도 비빌 곳이 없었다.

그 절박한 삶 속에서 영아가 놓지 않고 틈틈이 외로움을 달랠 수 있었던 것은 독학으로 하는 영어 공부였다. 언젠가는 건너갈 미국행의 꿈에 희망을 걸고 견뎠다.

그러나 시련의 시간은 끝나지 않았다. 코로나에 걸려 사경을 헤매며 목숨은 건졌지만 모든 것을 잃어버린 삶에는 희망이 보이지 않았다. 극한 상황에 내몰려 생명 같은 아이마저도 의미가 없어지던 어느 날, 영아는 극단적인 선택을 생각했다. 그러다 문득, 오래전부터 꿈꿨던 미국여행을 떠올렸다.

그동안 자신을 버티게 해 주었던 영어, 그 언어로 꿈에 그리던 샌프란시스코 땅을 밟고 싶었다. 그리고 금문교를 찾아 후회 없이 낙화하리라는 마음을 먹고 있는 돈, 없는 돈을 탈탈 털어 미국행 비행기에 올랐다.

미국에서 하루가 지났다. 지금의 삶에 무엇이 문제였는지, 어디서부터 잘못되었는지 알 수는 없지만 사십 년 넘도록 살아오면서 매 순간 최선을 다한 자신에게 마지막으로 위로의 술 한 잔을 사 주고 싶었다.

온전한 정신이 아닌 술의 힘을 빌려 금문교 난간에 서겠다는 각오를 하며 바를 찾아 들었다. 독한 술기운이 돌고 돌아 심장을 두드리니, 온갖 아쉬움이 몰려왔다. 딸의 행복을 위해 등 떠밀어 압록강을 건너게 해 준 부모님, 제대로 사랑을 주지 못한 아이들, 용기를 잃지 말라고 응원해 준 대모님 생각에 서러움이 북받쳐 엉엉 소리 내어 울고 말았다.

동양 여자가 타국에서 가련한 모습으로 서럽게 울고 있으니, 맞은편 테이블에서 술을 마시던 남자가 다가왔다. 사연을 묻는 그에게 부끄럼 없이 덕지덕지 붙어 있는 생의 마지막 날의 서러움을 영어, 중국어, 우리말을 섞어 토해내고 눈물, 콧물을 쏟아냈다. 말없이 들어주던 남자가 제안을 했다.

"꿈꿔 왔던 미국여행인데 하루의 시간으로는 너무 아쉽지 않겠는가. 마침 내가 휴가 중이니, 딱 삼일만 샌프란시스코 가이드를 해 주겠다."

여행 후에는 금문교로 안내해 주겠노라며 영아의 손을 잡아 일으켰다.

그는 실리콘밸리에서 근무하는 노총각이었다. 남자답고 배려 깊으며, 따뜻한 품성을 지닌 그는 독실한 가톨릭 가정에서 자랐다.

이틀은 호텔에서 보내고, 마지막 날에는 남자의 집으로 안내받았다. 집 가까이 사는 부모님을 뵙고 승낙을 얻은 후, 영아는 금문교는 까마득히 잊은 채 3층짜리 단독 빌라, 미스터 길의 보금자리로 들어앉았다.

미스터 길은 영아의 감각을 살려 패션 쪽에 취업을 도와주었다. 상처가 많아 예민한 아들을 데려와 함께 운동하고, 요리를 만들어 주었다. 배려깊게 소통하며 관계를 조율해 나갔다. 아들은 엄마보다 아빠를 더 따랐다. 방학이 되면 딸아이도 데려와 함께 살 계획이었다.

나는 그를 길 서방이라 불렀다. 영상 통화로 감사한 마음을 전하면 그는 영아의 통역을 듣고 싱긋이 웃으며 고개를 숙였다. 그의 선한 웃음에는 믿음이 담겨 있었다.

지난 여름, 영아가 건강 검진 겸 이사한 우리 집을 친정인 양 다녀갔다. 우리 부부만 사는 조용한 식탁에서 "아빠, 아빠!" 하며 마주 앉아 옥구슬을 쏟아내니, 남편은 기쁨을 감추지 못했다.

영아와 시간을 함께하는 동안, 나는 영아에게 귀가 닳도록 이야기했다. 둘 사이에 아이는 갖지 않겠다고 약속이 되어 있었다. 그렇지만 시간이 지날수록 부부의 사랑은 무뎌지기 마련이다. 조물주는 남자에게 번식 본능을 주었다. 하루라도 젊을 때, 사랑하는 사람의 아기를 안겨 주고 영원한 안식처 만들기를 당부하고 또 당부했다.

한국에 다녀간 지 육 개월 만에 아기를 가졌으니, 사십 대 중반의 영아가 그동안 얼마나 노력했을지를 생각하면 기특하고 대견할 뿐이다. 거친 운명과 맞서 싸우며 아파했던 영아에게 이제는 행복한 나날이 펼쳐지리라. 어려운 현실에서도 꿈을 꾸고, 죽음 앞에서도 극적인 반전 인생을 맞이한 영아와 아기를 위해 미역을 사 들고 산바라지를 하러 미국행 비행기를 타려면, 나도 영어 공부에 도전해야 하나 싶다.

세상은 살 만한 가치가 있다고 말한 어느 철학자의 말처럼 사랑을 실천한 길 서방과 그의 부모님 그리고 이 순간에도 세상 어느 벼랑 끝에 서 있을 절박한 이에게 따뜻한 손길을 내밀어 주고 있는 기적 같은 사연들을 확인하니, 가슴 깊게 감동이 밀려온다.

한 치의 오차

　남편과 베트남으로 여행을 갔을 때 겪은 일이다. 패키지라 무리는 없을 여정이었으나 나이가 들어 감각도 인지력도 전과 같지 않아 다소 긴장했다. 일정표에는 십오 명이 한 팀이었다. 우리 부부는 일행에게 폐가 되지 않으려고 정신을 바짝 차렸다.
　다낭 공항에 도착했다. 출구에는 현지 가이드들이 줄지어 여행객을 기다리고 있었다. 우리가 계약한 여행사도 두 명의 가이드가 피켓을 들고 있었다. 피켓 명단에 내 이름을 확인했다. 우리는 비행기 앞자리에 탑승해 서둘러 나왔기 때문에 다른 일행은 보이지 않았다.
　이제부터는 가이드가 인솔하는 대로 따르면 되니 안심이 되었다. 때마침, 가이드와 눈이 마주쳐 가볍게 묵례를 보냈다. 새내기인 듯한 가이드는 손가락 두 개를 펴 보였다. "두 사람이냐?"고 묻는 듯하여 고개를 끄덕였다. 그는 우리에게 따라오라는 손짓을 하며 주차장으로 안내했다.

팀이 함께 움직이지 않고, 내 이름이 적힌 피켓을 든 가이드가 움직이지 않아서 잠깐 의아했다. 하지만 여행지침서에 따르면, 현지 가이드가 공항 미팅을 진행한 다음 차를 타고 시내로 이동한 후, 호텔 또는 관광지에서 한국인 가이드와 만난다고 명시되어 있어 의심하지 않았다. 두 가이드를 한 팀이라고 생각했다.

가이드는 자동차 문을 열어 우리를 태웠다. 여행 가방도 정성껏 실어주었다. 차 안은 에어컨 바람 덕분에 쾌적했다. 창밖에 펼쳐지는 해변은 아름다웠다. 푸른 바다와 백사장의 야자나무가 이곳이 휴양지임을 실감하게 했다.

빌딩 숲 사이를 한참 달렸다. 들뜬 마음을 가다듬고 정신을 차려보니, 건물이 띄엄띄엄 보이며 왠지 벗어나고 있다는 느낌이 들었다. 곧 목적지겠지, 목적지일 거야 하며 조마조마한 마음으로 남편을 바라보았다. 남편의 닫혀버린 입가에는 긴장감이 역력했다.

점점 창밖 풍경이 예사롭지 않았다. 개발되지 않아 휴양지라고는 할 수 없는 베트남의 맨살이 드러나고 있었다. 분명히 뭔가 크게 잘못되었다는 생각이 들었다. 불안이 전신을 감쌌고, 마음이 다급해졌다.

"가이드, 가이드, 우리 지금 어디로 데려가고 있는 거예요?"

우리말로 물었다. 그는 알아들었다는 듯 손가락으로 앞을 가리키며 "호텔. 호텔"이라 하는 듯했다.

달리고 달려도 그가 말한 호텔은 나타나지 않았다. 호텔이 있을 것 같지 않은 움푹 꺼진 길로 달렸다. 침이 바짝 말랐다. 나보다 겁이 더 많은 남편의 눈꺼풀이 바르르 떨리고 있었다.

한국 여행사로 전화해 상황을 알리고 싶었다. 여기가 어디인지, 지금 우리가 어디를 향해 달려가고 있는지를 묻고 싶었다. 안타깝게도 남편도 나도 알뜰폰이라 로밍하지 못했다. 남편은 더 가면 안 되겠다는 판단이 섰는지 가이드를 향해 차를 세우라고 요청했다.

나는 남편을 막아섰다. 지나는 사람도 없고, 있다 한들 소통이 되지 않을 이곳에서 시간을 빼앗기면 어쩌냐며, 일단 종착지에 가야 방법을 찾지 않겠느냐고 설득했다.

그 순간, 가이드의 전화기가 요란하게 울렸다. 그가 무언가 진지하게 설명하는 듯하더니 전화기를 내게 넘겼다. 한국인 가이드였다. 이름을 확인하더니 한 시간은 족히 갔는데 어디쯤이냐며 우리가 잘못 가고 있다고 말했다.

"도대체 무슨 일이예요? 말도 안 통하는 낯선 나라에서 나이 든 사람이 없어졌는데 이제야 찾는 건가요?"

섭섭함과 놀란 가슴을 쓸어내리며 가이드를 몰아 세웠다. 그가 설명했다. 입국 수속 밟고 나오는데 한 시간이 걸리는 경우가 종종 있어 기다리다 착오가 있다는 것을 이제 알았다고 했다. 지금 운전하고 있는 픽업 차량 기사가 일행이 기다리는 식당으로 안전하게 안내해 줄 거라고 나를 안심시켰다.

그가 차를 돌렸다. 그제야 지나왔던 창밖 풍경이 눈에 들어왔다. 한적해서 고즈넉하기까지 한 자연 그대로의 넉넉함이 느껴졌다. 목적지를 모르고, 내가 어디에 있는지 가늠조차 되지 않아 모든 세포가 촉을 세웠던 길이었다. 하지만 목적지를 알고, 소통되는 한국인 가이드가 기다린다는 사실에 긴장이 풀렸다.

나중에야 알게 된 일이다. 그날, 같은 비행기로 우리가 계약한 여행사 직원 두 명이 휴가를 오게 되어 있었다. 여행사는 렌터카 픽업 기사를 대기시켜, 그 직원들을 호텔로 안내하게 되어 있었다. 내가 묵례를 보냈더니, 우리를 그들로 착각하고 한 시간 이상의 거리를 달려던 것이다.

사람이 살아가다 보면 이처럼 한순간의 착각으로 큰일 날 일이 있다. 이번에 베트남에서는 이 정도로 해결이 되었지만 인생에서도 한순간의 착각이 실패와 성공을 가르는 경우가 있다. 한 치의 착각이 빚어낸 웃픈 이야기다.

CCTV 속에 여자

 우리 집 주차장은 도로보다 지대가 조금 낮다. 코너 집이라 바람도 모인다. 바람이 불면 동네 쓰레기가 우리 주차장으로 모여든다. 쓸어내도 돌아서면 폐비닐이 모이고, 낙엽이 쌓이니 여간 불편한 것이 아니다.
 며칠 전 밤에도 바람이 많이 불었다. 아침에 주차장이 너저분한 걸 보고 시간에 쫓겨 그냥 출근했다. 퇴근해 오니 주차장이 깨끗했다. 청소에 관해서는 요지부동이었던 남편이 청소했다는 사실이 기뻤다. 현관에 들어서며 목소리를 한껏 높여 "우리 남편 최고!"라며 호들갑을 떨었다. 남편은 무슨 소리냐며, 자신은 아니라고 밀쳐냈다. 민망해서 그러려니 생각했었다.
 오늘도 퇴근해 오니, 아침과는 달리 주차장이 반짝반짝했다. 마음 써준 남편이 고마워 인사를 거듭하고, 엄지척을 해 보였다. 그런데 남편은 자신이 회유 당하고 있다는 기분이 들었는지 버럭 화를 냈다. 하긴, 이 집에서 일곱 해를 살면서 빗자루 한 번 들어 본 적이 없는 사람이다. 청소는 마누라 몫, 보수관리는 본인 몫으로 정해 놓고, 철두철미하게 지켜온 사람이다.

도대체 누굴까? 바쁘게 사는 나를 안쓰러워한 502호 세입자 언니일까? 아니면 일이 없어 무료하다던 302호일까? 노크해 보았으나 그들도 모르는 일이라 했다. 혹시, 자주 홍보하러 왔던 청소대행업자인가?

궁금증에 시간을 투자해서라도 CCTV를 돌려봐야 했다. 예상보다 빠르게 의문이 풀렸다. CCTV 화면에는 뜻밖의 장면이 펼쳐졌다. 내가 주차장을 빠져나가고 10분도 지나지 않아 한 여자가 쭈뼛쭈뼛 걸어 들어왔다. 앙상하게 마른 체구의 그녀였다. 끌고 온 손수레를 우편함 앞에 세워 놓더니, 주차장 뒤편 청소도구함에서 빗자루를 꺼내 주차장을 쓸기 시작했다. 작은 키에 등까지 굽은 가냘픈 여자가 백 평이나 되는 남의 집 주차장을 쓸고 있다니. 그 모습이 처연해서 울컥했다.

여자와 내가 처음 만난 것은 오 년 전이었다. 여자는 철망 바구니가 걸려있는 손수레를 끌고 있었다. 작은 수레는 또르륵또르륵 가벼운 소리를 냈지만 빈 수레에 실려있는 여자의 인생 무게는 버거워 보였다.

우리 집 분리수거함에는 여자가 찾던 소주병이나 캔 종류가 없었다. 여자는 주차장을 둘러보더니, 대부업체에서 던져 놓고 간 불법 명함을 주워 허리춤에 넣었다. 그런 여자를 보면서 나는 "소주병이나 캔이 나오면 따로 분리해 놓겠다."하고 여자와 첫인사를 나누었다.

그날 이후, 여자와 맞닥뜨리는 날이 늘어갔다. 웃고 인사하며 여자는 점차 마음을 열었다. 행색은 초라했지만 유쾌한 성격이라 대하기가 편했다. 여자의 남편은 파킨슨병을 진단받은 지 꽤 오래되었다고 했다. 결혼한 딸이 있지만 사위 역시 병이 있어 생활이 궁색했다.

추워 보이는 여자에게 따뜻하게 입고 다닐 옷가지와 모자를 건넸다. 여자의 애처로운 삶을 보면서 우리 원룸 주차장은 물론 거리로 나서면 보이는 대로 불법 홍보용 명함 수거를 시작했다. 주민센터에는 불법 전단 수거 보상 제도가 있어 장당 몇 푼씩 받을 수 있다고 했다. 절박한 그녀에게 적은 금액이 무슨 보탬이 되겠냐마는 여자에게 응원을 보내고 싶었다.

우리 집 주변은 원룸과 유흥업소가 밀집되어 있어 홍보 명함이 집중적으로 뿌려지는 곳이다. 어느 날, 마음을 먹고 길을 나섰다. 꽤 많은 양을 주웠는데 내 자취를 밟은 오토바이 탄 사람이 험상궂은 얼굴로 나를 불러 세웠다. 돈 주고 뿌려놓은 홍보물을 왜 주워가냐고 화를 냈다. 갈팡질팡하며 서 있는데 오늘은 필요한 만큼 줄 테니 다시는 주워 가지 말라 하며 명함을 한 움큼 건넸다.

그 일이 있고 난 뒤, 내 안에 갈등이 일었다. 방법이 어떠하든 그들 또한 돈을 투자해 광고로 먹고사는 사람들이다. 그들에게 내가 훼방꾼이니 계속해도 되겠나 하는 생각에 주춤했다. 그러나 이미 여자와는 알게 모르게 무언의 약속이 되어 있었다.

모아 둔 명함을 건네주면 함박꽃처럼 웃어 주던 여자를 떠올리며 방법을 바꾸기로 했다. 그들은 보통 한 번에 서너 장씩 명함을 던져 놓는다. 그러면 예전처럼 모두 줍지 않고, 한두 장은 남겨두는 요령을 실행했다. 이미 습관이 된 내 눈과 손은 하루도 빠지는 날 없이 명함 줍기를 실행했다. 우리 집 우편함에는 여자를 위한 그리고 내 마음을 흐뭇하게 만드는 명함이 쌓이고 정도 쌓였다.

간혹 휴일에 그녀와 마주치면, 집 앞 편의점에서 함께 도시락도 먹고 커피도 나누었다. 그 후로 부쩍 내가 출근하는 시간이 되면 또르륵 소리를 내며 자신의 건재함을 알렸다. 때로는 청소 중인 내게 다가와 주름진 얼굴에 웃음을 얹고 농담을 건네기도 했다.

"아이고, 사모님. 예쁜 옷 입고 무슨 청소를 한다고 그럽니까?"

그 말을 몇 번 들었으나 그냥 인사로 여기고 웃어넘겼다.

내가 아침 출근길에 쓰레기를 처리하지 못하고 종종거렸었는데 그녀는 그 모습을 마음에 새겨 두었나 보다.

그녀에게는 돌봐야 할 환자가 있다. 촌음을 아끼며 부지런히 움직여 생계를 꾸려야 하는 사람이다. 그런 그녀가 나를 위해 귀한 시간을 내어주었다.

어쩌지 못하는 삶의 굴레 속에서도 겉모습은 거칠지언정 여자의 마음에는 귀하고 소중한 향기가 가득했다. 그 마음 전해져 나는 향기에 취하고, 남편은 무안해 입을 굳게 다물고, 화면 속에 여자는 웃고 있었다.

VIP 고객

 주거래은행에 왔다. 늘 얼굴을 마주하던 지점장이 퇴직한 후라 그런지 왠지 허전하다. 다행히 내 업무를 오래도록 맡아온 직원이 있어 스스럼없이 창구 앞에 앉았다. 그런데 내 앞으로 다가온 직원은 평소 살갑게 맞아주던 얼굴이 아니었다. 그 직원은 타 지점으로 발령이 났단다. 나는 마치 커닝하다 들킨 것처럼 민망해졌다.
 은행 입구로 나가 대기표를 뽑고, 다시 순서를 기다렸다. 그동안은 이곳에 오면 시간에 쫓기지 않고 업무를 처리할 수 있어 편리했다. 이제는 예외일 수 없다는 아쉬움에 마른침을 삼켰다.
 사람들이 쉴새 없이 오가고 창구에 직원들은 활기찬데 나는 멍하니 앉아 허공만 응시했다. 순간, 위아래층을 바삐 오가며 환하게 웃던 지점장의 모습이 겹쳐졌다.

사업을 하면서도 나는 경제 흐름에 대한 이해가 부족했다. 은행과 신용을 쌓으면 자금 운용이 유리하다는 개념 없이 가까운 제2금융권과 거래했었다.

몇 년 전, 사업 확장이 불가피한 상황이 있었다. 급히 마련해야 할 자금이 원활하지 않아 발을 동동 굴렀다. 내 모습을 지켜보던 동료가 이곳 은행 지점장을 소개해 주었다. 첫 대화에서 그는 자영업자의 고충을 이해하고, 함께 길을 찾아보려는 마음이 느껴졌다. 신용도, 담보도 없던 나에게 그는 천군만마 같은 존재였다. 감사해하는 나에게 그는 '윈윈'이라며 오히려 함께 하는 가치를 강조했다.

누구에게도 선뜻 내보이지 못했던 재무제표를 그에게 기꺼이 열어 보였다. 다행히 사업 이력과 신용 상태가 나쁘지 않았다. 현금 흐름도 분석했다. 불필요한 지출은 줄이고, 부족한 부분은 보완해 사업 자금과 세금 혜택은 물론, 노후 자금까지 정비할 수 있도록 '은행 사용설명서'를 제시해 주었다.

특히 건물 매입 당시 제2 금융권에서 무리하게 받은 대출이 부담이었다. 높은 금리에 속을 끓이면서도 이자율 낮은 시중 은행으로 옮길 엄두를 내지 못하고 있었다. 지점장이 알려준 은행 활용법을 적용한 덕분에 이곳 은행으로 대출을 갈아탈 수 있었고, 그로 인해 가정에 큰 도움이 되었다.

내 발등에 불을 끄고 나니, 마음에 여유가 생겼다. 한때의 나처럼 기댈 곳 없어 다람쥐 쳇바퀴 돌듯 제자리만 맴도는 동료가 눈에 들어왔다. 그에게도 누군가 지렛대 역할을 해 준다면 조금은 수월하게 이 고비를 넘길 수 있지 않을까 싶었다.

예전에 동료가 나를 지점장에게 소개해 주었듯이, 나 역시 어려움에 부딪힌 동료를 지점장에게 연결해 주었다. 지점장은 그들의 사업 자금을 안정시키는 한편, 신용 관리와 은행 활용법도 빠짐없이 제시해 주었다. 그는 백문백답 희망 메시지도 잊지 않았다. 지점장으로서의 금융인 그 이상의 모습에 감동한 나는 동료들의 손을 잡고 지점장실을 넘나들었다.

내 번호가 호출되었다. 과장 직함을 가진 처음 보는 여직원이었다. 그녀가 내 계좌의 거래명세서를 열어보더니 얼굴에 화색이 돌았다.

"우리 은행 VIP 고객님이셨군요."

그녀는 새로 부임한 지점장실로 나를 안내하겠다며 친절을 베풀었다.

한 번쯤 인사를 하는 게 옳겠다 싶어 그녀를 따라나섰다. 과장은 지점장실로 전화를 돌린 후, 앞장서서 2층으로 안내하려는데 어느새 지점장이 아래층까지 내려와 위층으로 안내했다.

인사를 마치고 지점장은 로비까지 함께 내려와 배웅해 주었다. 나와 그는 일면식도 없던 사람이다. 초면인 나를 VIP 고객으로 맞아주는 걸 보니, 입출금거래보다 대출의 비중이 큰 이유가 아닌가 싶었다. 뜻밖의 환대를 받고 나서야 내가 이 은행 우수고객이었다는 사실을 비로소 실감할 수 있었다.

전 지점장에게 "내 인생 은인 중 다섯 손가락에 꼽을 수 있다."라며 진담 반, 농담 반으로 고마운 마음을 전할 때면 그는 손사래 치며 내게 고마움을 돌렸다. 내 무거운 짐을 덜어 준 지점장에게 감사함이 깊었던 나는 그의 인사말을 흘려들었었다.

환경이 바뀐 창구에서는 입지가 실추되어 한없이 작아졌다. 새로 부임한 지점장을 만나고 나니, 그 마음은 온데간데없고 VIP로 대접받는 분위기에 순간 우쭐했다.

"뭐야? 빚도 능력이라더니 그 말이 맞는 말이네."

언젠가 친구가 힘들어하던 나를 위로하며 건넸던 말을 내 식으로 곱씹으니, 입가엔 자조적인 미소가 번졌다.

은행 문을 박차고 나서며 강다짐해 본다. '그래, 그딴 능력 두 번 다시 인정받지 말자. 하루라도 빨리 이 은행의 VIP 명단에서 벗어나자.' 그날이 언제일까? 올려본 하늘엔 어느새 해가 중천에 떠 있다. 심호흡을 크게 하고 두 주먹 불끈 쥔 채 바쁘게 걸음을 내딛는다.

두 여인

　보따리를 어깨와 등에 둘러메고 사무실로 들어서는 그녀의 모습은 활기찼다. 장사를 막 시작하던 첫 방문 때처럼 보따리가 튼실해졌다. 상품을 펼쳐 진열하는 그녀의 손길에도 자신감이 묻어났다. 그 모습이 보기 좋아서 언니에게 문자를 보냈다.
　"언니, 그녀의 장사 보따리가 빵빵해졌어. 그래서 그런지 오늘은 더 밝고 건강해 보이네. 다 언니 덕분이야."
　며칠 전, 종일 비가 내리던 날이었다. 일면식도 없던 두 여인이 서로를 안고 가슴속 깊이 켜켜이 쌓여있던 아픔을 토해내고 있었다. 한 여인은 내 언니고, 또 한 여인은 내 삼십 년 지기 친구이다. 두 여인은 자가면역질환을 앓고 있다. 언니는 그녀의 고통을 헤아릴 수 있음을 감사하며 울었고, 기댈 곳 없어 외로웠던 그녀는 그런 언니의 다가옴에 감동해 울었다.

그녀와는 삼십 년 전, 직장에서 처음 만났다. 지옥 같던 결혼생활에 마침표를 찍고, 어린 딸 하나를 데리고 빈손으로 삶을 다시 시작하던 그녀였다. 딸과 마음 편히 살 수 있으면 두려울 게 없다고 공허하게 웃던 그녀의 모습을 오랜 세월 지켜보았다.

내가 건강식품 사업장을 열었을 때, 그녀는 돕겠다며 팔을 걷어붙이고 나섰다. 나도 그녀에게 도움이 되고자 애썼지만 마음처럼 되지 않았다. 아쉬움을 안고 내 사업장을 떠난 그녀는 도타운 정이 그리웠는지 두 살 아래인 나를 '친정엄마'라 부르며 자주 찾았다.

그녀에게 삶의 우선순위는 언제나 딸의 행복이었다. 그토록 믿었던 딸의 눈먼 사랑을 끝내 막지 못했다. 딸의 불행한 결혼생활이 혹여 자신의 탓은 아닐까 자책하며 슬픔의 시간을 보내다 건강이 무너졌다.

면역 억제제의 부작용으로 그녀의 간 기능이 마비되었고, 밤낮없이 119로 응급실을 넘나드는 일이 반복되었다. 경제적 어려움과 끊이지 않는 통증은 그녀를 우울의 늪으로 빠져들게 했다.

그 무렵, 언니 역시 그녀와 같은 병을 진단받았다. 언니는 스테로이드의 부작용으로 심한 통증에 시달리면서도 병원에서 권하는 치료제를 쓸 수 없었다. 그들의 상황이 안타까워 나는 부족한 정보나마 총동원해 대체의학 치료법을 찾아 나섰다. 이런저런 경로를 통해 병증을 살펴보고, 언니와 그녀에게 도움이 될 만한 사례를 찾아 나섰다.

　기분 전환 삼아 서울서 언니가 내려온 날이었다. 그녀의 안부를 묻던 언니에게 바닥까지 가라앉은 그녀의 근황을 이야기하다 울컥하고 말았다.

　고민 끝에 그녀가 선택한 일은 보따리 장사였다. 병으로 인해 지출만 늘어나던 상황에서 지푸라기라도 잡아야 했다. 그녀가 가진 것이라곤 소형차 한 대뿐이었고, 그마저 담보로 맡긴 약간의 자금으로 장사를 시작했다.

　봄이 채 오지 않던 어느 날, 그녀는 어깨에 보따리를 이고 지고 여성들이 근무하는 내 사업장 문을 두드렸다. 여성의 호기심을 자극할만한 소품들은 하나둘 팔려나갔다. 예전에 함께 근무했던 동료의 정이 더해져 사원들은 고객이 되어주었다. 그녀는 열흘에 한 번꼴로 내 사업장을 찾았다.

　병세가 깊어지면서 그녀는 서울의 큰 병원을 오르내렸다. 어느 날 다시 사업장을 찾았을 때, 그녀의 손에는 조그만 보따리 하나만 들려있었다. 이미 식상해진 보따리 속 물건들처럼 그녀의 자존감 또한 무너지고 있음이 눈에 보였다. 나 역시 사업이 여의치 않아 작아진 그녀의 보따리를 못 본 척 눈 감아버렸다. 그날의 안타까웠던 마음이 언니 앞에서 결국 눈물로 터져 버린 것이다.

　다음 날 아침, 언니가 조심스레 입을 열었다.

두 여인　213

"내가 아파봐서 그 고통의 깊이를 짐작할 수 있잖아. 그런데 거기에 경제적인 어려움까지 겹친다면 그 심정이 얼마나 참담할지 생각만 해도 안타까워 잠을 이룰 수 없더라."

언니는 그녀의 마음이 다치지 않도록 내게 중간에서 역할을 해 줄 것을 제안했다. 언니는 걱정해 주는 가족들이 있어 감사하다며 좋은 일에 쓰려고 모아둔 돈이 조금 있는데 그걸로 그녀의 보따리를 채워주고 싶다고 했다.

나는 안다. 언니 역시 형편이 넉넉한 살림이 아니라 누굴 돌아볼 여유가 없는 처지라는 걸. 하지만 견디기 힘든 통증이 조금씩 가라앉자 그 감사한 마음을 어려운 그녀에게 전하고 싶은 게 언니의 진심이었다.

장맛비가 퍼붓던 날, 빗속을 달려갔다. 문을 열고 들어서자 그녀가 푸석해진 얼굴로 우리를 맞았다. 그 표정에 좋지 않은 기운이 느껴졌지만 그런 중에도 그녀는 특유의 농담을 잃지 않았다.

"우리 친정어무이가 이모님을 모시고 온다 해서 진수성찬을 차려 놨어예!"

그녀가 준비한 식탁에는 김치볶음밥이 정을 듬뿍 담고 있었다.

처음 만나는 자리였지만 두 여인은 같은 아픔을 통해 느껴온 공감대로 서로에게 깊이 이입되어 있었다. 언니가 따뜻한 마음을 전하며 그녀를 안아주며 등을 토닥였다. 그녀는 언니의 품에 얼굴을 묻은 채 한참을 울었다. 창밖에는 그간 그녀의 서러움을 씻어내리는 듯 끊임없이 장대비가 쏟아지고 있었다.

한참을 흐느껴 울던 그녀가 언니 품을 벗어나며 말했다.

"사실은 아침에 딸과 심한 갈등이 있었어요. 딸이 신체뿐만 아니라 정신까지 아픈데, 그런 상황에서도 이혼 결정을 내리지 못하고 있어서 나도 모르게 큰 상처를 주고 말았어요. 두 번 다시 보지 않을 작정으로 모진 말을 했는데 언니가 이렇게 안아 주니까 마음이 스르르 녹아내리네요. 만신창이가 되어 있을 딸을 어서 안아줘야겠다는 생각을 하니 한결 마음이 편해졌어요!"

통통 부어오른 눈으로 그녀가 환하게 웃었고, 창밖에는 비가 그치고 있었다.

발문

흥과 끼로 엮은 인생 서사

그이기에 그런 이야기가 있고, 그런 이야기가 있기에 그렇게 쓰는 것이 수필이다. 이는 수필의 개별성과 다양성을 아우르는 말이다. 세상살이가 언뜻 닮은 것 같지만 가로세로 열아홉 줄로 그어진 바둑판 위의 무수한 길처럼 우리는 제각각 서로 다른 삶의 결을 새기며 살아간다. 이렇게, 닮은 듯 나와는 다른 너의 모습을 들여다보는 재미로 수필을 쓰고 읽는다.

박희자의 수필집을 통해 그의 여정을 들여다본다. 인연을 받아들이고 운명을 만들어가는 그이기에 그만의 그런 이야기들이 있다. 기쁘기도 하고 슬프기도 하고, 답답하기도 하고, 시원하기도 한 그의 서사이다. 인간은 늘 이만큼 와서 돌아갈 수 없는 그곳을 돌아보게 되는 존재이다. 돌아갈 수 없는 그곳을 망연히 돌아보게 하는 것이 수필이기에 더 아득한 재미를 주는지도 모르겠다.

흥과 끼

음악 같은 수필이 있다. 문장에 가락을 얹은 것은 아니지만 우리들의 몸과 마음을 설레게 하고 들뜨게 하는 글이 있다. 때로는 느리고 빠른 음표로, 때로는 높고 낮은 음표로 우리의 교감신경을 깨워 춤을 추게 하는 글이 박희자의 수필이다. 또각또각 정박자의 그의 구두소리에 뒤따라오던 생면부지의 남자가 "경쾌한 구두소리에 제 기분이 좋아져 힘이 납니다." 하고 지나갔다 하였으니 그의 수필은 흥겨운 노래가 된다.(「구두소리」)

오래전, 음주운전으로 면허증을 상실했을 때 그의 에피소드이다.

"존경하는 경찰청장님, 저는 어찌할 수 없는 사정으로 준엄한 법을 지키지 못한 부끄러운 도민입니다. 또한 실직한 남편과 고등학생 자녀를 둔 직장인이며 가장입니다."

이 간절한 탄원서는 청와대 민원실로 올라가 경쾌한 답신으로 돌아온다.

"귀하께서 준법정신이 소홀했던 과실을 인정하고, 뉘우치고 있는 점, 10년 운전경력에 녹색 면허를 가진 가장임을 고려해 면허증을 돌려주니 차후에는 실수가 없기를 바랍니다."(「나는 울산 힐러리다」)

박희자의 삶과 글은 흥과 끼의 화학적 결합물이다. 타고난 유전인자에 속하는 흥과 끼는 어떤 계기를 만나 발현될 때 비로소 삶의 든든한 밑천이 되고 생존의 도구가 된다.

남편의 동문 체육대회 날이었다. 오후가 되어 가족 장기자랑, 디스코 경연 대회가 시작되었다. 도전하고 싶은 욕심이 나를 흔들었지만, 본부석에는 큰 시숙이 자리하고, 둘째 시숙도 동참 중이다. 그보다는 남편 후폭풍이 두려워, 거듭 생각하다 화장실로 향했다.

"오늘은 어떤 유혹이 있어도 자제하자!"

굳은 각오로 화장실 문고리를 걸었다. 나를 전율하게 하는 음향에도 귀를 막았다. 마음을 단단히 닫아걸고, 재래식 화장실의 고문을 이겨내고 있었다. 그런데 고리를 걸면 걸수록, 귀를 막으면 막을수록, 웅장하고 현란한 음악 소리가 문틈으로 비집고 들어와 나를 괴롭혔다.

어린 시절 엿장수 가위질 소리가 나면 굴뚝 뒤에 숨어 춤을 췄다. 번번이 엄마한테 들켜 야단을 맞으면서도, 가위질 소리가 들려오면 그 소리를 뿌리치지 못했다.

"26회 가족 나오세요! 26회 가족 안 나오십니까? 곧 경기가 시작됩니다."

스피커에서 남편의 동기 가족을 부르는 소리가 이어졌다. 그 순간 나는 문을 박차고 나와 무대 위로 뛰어올라 황홀한 음악과 하나 되는 짜릿함을 느끼고 있었다.

그 무아지경에 느끼는 희열은 무엇과도 바꿀 수 없었다. 음악에 나를 맡기고 나를 내려놓았다. 등을 타고 흘러내리는 후끈한 땀의 열기에, 나는 카타르시스를 느끼며 강한 사람으로 거듭났다. (「끼」)

박희자의 유년은 처연했다. 병든 아버지를 따라 화전민의 자식으로 살기도 했다. 일곱 살 때 돌아가신 아버지, 남은 6남매를 부양하는 어머니 아래서 그의 존재는 없었다. 어린 동생의 유모 역할로 2년이나 늦은 10살에 입학하여 고학년 때는 남다른 성숙한 몸으로 부끄러움을 감수해야 했다.(「달리기라는 말 한 마디」) 배가 고파 부잣집 대문 앞에서 한 끼의 밥이 열리기를 기다리기도 했다.(「대문」) 영양가 없는 부스스한 얼굴에 이웃집 친구의 방에서 원기소 한 알을 몰래 훔쳐 먹은 부끄러운 기억도 있다. 결국 허기진 짐을 덜기 위해 서둘러 결혼을 한 그였다.

이런 그에게 흥과 끼는 박희자의 또 다른 이름으로서 그의 온전한 대체어이다. 북세일즈로 지역의 대표가 되고, 건강식품을 운영하는 사업가로 성공하게 된 원천 에너지이다.

호랑이 등

「호랑이 등에 타다」는 이번 수필집의 대표작이자, 수필에 입문할 무렵의 초기작품이다. 무려 원고지 80매가 넘는 글은 그의 문학적 끼를 확인하게 하였고, 문인으로서, 수필가로서 자격을 검증하게 하였다. 방대한 분량, 흐트러짐 없는 구성, 맛깔스러운 문체가 탄탄한 성채를 이룬다. 여기에서는 인간이 시시때때로 맞닥뜨리는 긴장과 이완의 장면들이 한 장 한 장 슬라이드처럼 지나간다.

'전원주택'-'사업장'-'원룸을 사다'로 소제목을 달아 나누어 놓은 글은 비록 중년의 어느 한 시절을 풀어놓았지만 사회인으로서 그의 인생 요약본이라 할 만하다. 박희자의 수필들은 이 요약본에서 한 작품 한 작품 파생되어 자리를 잡은 것으로 읽혀진다.

　태화강역 앞에서 좌회전 신호를 받아야 우리 집에 올 수 있다. 언제나 그랬듯이, 나는 내 차가 신호에 걸려 주길 바랐다. 멀리서도 번듯하게 서 있는 우리 건물을 한참 동안 볼 수 있기 때문이다. 신호등은 고맙게도 우리를 붙잡아 주었다.
　"언니, 저기 봐요. 저 건물이 우리 집이에요."
　신호 대기 시간을 놓칠세라, 내 손가락은 춤을 추듯 앞 유리창을 뚫을 기세로 자랑질에 나섰다.
　"어디!"
　"저기 주유소 뒤에 보이는 건물요."
　"야! 근사하다."
　나는 으쓱해져서 바로 우회전하면 우리 건물 앞인데, 일부러 한 바퀴를 돌았다. 두 번째 골목에서 보이는 건물의 측면이 멋져 보여서다. 특히, 회색 벽에 갈색 대리석 판을 덧대고, 금장을 두른 건물 이름이 햇빛을 받아 빛날 때면 내 마음도 함께 빛이 났기 때문이다. (「호랑이 등에 타고」)

　이 글에는 그의 인생역전의 자존심과 자부심이 망라되어 있다. 당연히 자랑할 만한 이야기다. 지난한 유년과 사회 현장에서 겪어낸 고

뇌와 극복, 그리고 일흔 즈음에 내쉬는 안식의 숨소리가 진하게 느껴진다. 세상에 와서 먹고 자고 입으면서 쌓아가는 인생의 희로애락이 어찌 한 작가에게만 부여된 과업일까. 그러기에 이를 통해 우리들의 겉모습과 속 깊은 이야기를 들여다보게 된다.

동행

박희자는 따뜻한 사람이다. 여리디여린 사람이다. 그의 글에 배어 있는 온기가 이를 증명한다.

"코로나로 내 사업이 벽에 부딪혔다. 사람들의 온기로 채워져야 할 넓은 사무실에 정적만 흘렀다. 건강기능식품 방문판매 사업은 앞이 보이질 않았다."(「동행」)

언제 끝날지 모를 싸움이었다. 모든 걸 줄이고 줄여야 할 무렵이었다. 사무실도 줄이고 직원도 내보내야 할 때였다. 그는 결국 고개를 숙이고 있는 실장과의 동행을 선택했다. 경제적인 손실을 감수하면서까지 실장을 안게 한 것은 따뜻한 인간애이다.

작가는 일흔의 나이에도 여전히 남편의 발톱을 깎는다.(「발톱을 깎다」) 발톱을 깎는 행위는 가장 낮은 자세로 가장 낮은 일을 하는 최상의 애정 표시이다. 작가의 이런 삶은 어린 나이 때에 아버지가 돌아가시고, "애비 없는 자식이라는 표를 내서는 안 된다. 부디 착하게 살아라."는 어머니의 당부를 잊지 않고 따르기 위함일 것이다.

박희자가 첫 수필집을 묶는다. 그의 문학적 원형은 어머니로부터 이어받은 것으로 보인다. 깊은 산골 마을에서 남편을 잃은 어머니는, 글을 읽을 줄 모르는 이웃집 아낙의 사랑방에서 책을 읽어 주기 시작했다. 동짓달 섣부른 밤, 젊은 미망인의 구슬픈 음률에 장화홍련전, 심청전, 박씨전 등이 재탄생 되었고, 아낙들은 치맛자락으로 눈물을 훔쳤다고 했다.(「작가의 말」)

그의 수필은 곤궁한 삶을 살아오면서, 인생의 굽이굽이에서 만나고 느꼈던 순간들의 진한 여운들이다. 그 여정 속에는 아픔도, 눈물도, 웃음도, 외로움도, 따뜻함도 있다. 그 모든 감정이 서로를 소중하게 감싸 안고 어우러져 있다.

그이기에 그런 이야기가 있고, 그 이야기가 있기에 그는 이렇게 수필을 썼다. 그 표출의 도구는 그의 삶을 견디게 하고, 이기게 한 흥과 끼다. 흥과 끼는 그의 삶에서도 글에서도 최대의 장점이다. 박희자의 글을 믿고 읽게 하는 소중한 자산이다. 그런 그가 넘치는 흥과 끼로써 지금 수필과의 행복한 동행을 즐기고 있다.

-홍억선 (수필가, 한국수필문학관장)

박
희
자
수
필
집

그저 살아온 이야기일 뿐이지만
읽는 이가 어느 한 대목에서 미소를 지어 준다면
그것만으로도 참 행복하겠다.

우리시대의 수필 작가선 118

호랑이 등에 타다

박희자 2025

| **인쇄일** | 2025년 09월 25일
| **발행일** | 2025년 09월 30일

| **지은이** | 박희자
| **엮은이** | 이유희
| **편집인** | 이숙희
| **발행처** | 수필세계사
| **인쇄처** | 포지션

| **출판등록** | 2011. 2. 16 (제2011-000007호)
| **주소** | 41958 대구광역시 중구 명륜로 23길 2
| **연락처** | Tel (053) 746-4321 / Fax (053) 793-8182
| **E-mail** | essaynara@daum.net

값 13,000원
ISBN 979-11-93364-18-5

* 이 책은 울산광역시, 울산문화관광재단 '2025년 예술인 창작준비금 지원사업'의 지원을 받아 발간되었습니다.